Adrian Jan Jablonski

Grundlagen der fraktalen Geometrie mit iterierten Funktionensystemen (IFS)

GRIN Verlag

Bibliografische Information der Deutschen Nationalbibliothek:

Die Deutsche Bibliothek verzeichnet diese Publikation in der Deutschen National-
bibliografie; detaillierte bibliografische Daten sind im Internet über http://dnb.d-
nb.de/ abrufbar.

Dieses Werk sowie alle darin enthaltenen einzelnen Beiträge und Abbildungen
sind urheberrechtlich geschützt. Jede Verwertung, die nicht ausdrücklich vom
Urheberrechtsschutz zugelassen ist, bedarf der vorherigen Zustimmung des Verla-
ges. Das gilt insbesondere für Vervielfältigungen, Bearbeitungen, Übersetzungen,
Mikroverfilmungen, Auswertungen durch Datenbanken und für die Einspeicherung
und Verarbeitung in elektronische Systeme. Alle Rechte, auch die des auszugsweisen
Nachdrucks, der fotomechanischen Wiedergabe (einschließlich Mikrokopie) sowie
der Auswertung durch Datenbanken oder ähnliche Einrichtungen, vorbehalten.

Impressum:

Copyright © 2010 GRIN Verlag GmbH
Druck und Bindung: Books on Demand GmbH, Norderstedt Germany
ISBN: 978-3-656-22682-6

Dieses Buch bei GRIN:

http://www.grin.com/de/e-book/193908/grundlagen-der-fraktalen-geometrie-mit-
iterierten-funktionensystemen-ifs

GRIN - Your knowledge has value

Der GRIN Verlag publiziert seit 1998 wissenschaftliche Arbeiten von Studenten, Hochschullehrern und anderen Akademikern als eBook und gedrucktes Buch. Die Verlagswebsite www.grin.com ist die ideale Plattform zur Veröffentlichung von Hausarbeiten, Abschlussarbeiten, wissenschaftlichen Aufsätzen, Dissertationen und Fachbüchern.

Besuchen Sie uns im Internet:

http://www.grin.com/

http://www.facebook.com/grincom

http://www.twitter.com/grin_com

Grundlagen der fraktalen Geometrie mit iterierten Funktionensystemen (IFS)

Adrian Jan Jablonski

Mathematik/Informatik

Thema der Besonderen Lernleistung:

Grundlagen der fraktalen Geometrie mit iterierten Funktionensystemen (IFS)

Schule: Fördegymnasium Flensburg

Klasse: 12 n

Schuljahr: 2010/2011

Halbjahre: 12.1 und 12.2

Name: Adrian Jan Jablonski

Fächergruppe: Mathematik/Informatik

Beginn der Besonderen Lernleistung: 1.11.2010

Abgabetermin: 28.03.2011

Die Dokumentation wird mit .... Punkten bewertet.

....

(Adrian Jablonski)

Inhaltsverzeichnis

Hinweis zu den Fußnoten: Zum Quellenvermerk gebe ich ein Kürzel aus Autor und Erscheinungsjahr an; im Literaturverzeichnis befindet sich dazu eine Tabelle mit den Schlüsseln. Den Text, auf den sich der Vermerk bezieht, kann sich sowohl vor als auch hinter der Quellenangabe befinden.

Hinweis zum Satz: Dieser Text wurde in LaTeX gesetzt.

III

1 Einleitung

Die *fraktale Geometrie* ist ein relativ neues Teilgebiet der Mathematik. Sie befasst sich mit geometrischen Objekten, den sog. *Fraktalen*, deren Eigenschaften sich von denen der "klassischen" Geometrie grundlegend unterscheiden.[1] Wichtigstes Merkmal von Fraktalen ist die *Skaleninvarianz*, d.h., dass man bei jeder Vergrößerungsstufe Einzelheiten erkennen kann, egal wie stark man in das Objekt hinein dringt. Wenn man dagegen den Rand eines "klassischen" Objektes, wie den des Kreises, vergrößert, so ähnelt dieser mit zunehmender Vergrößerung immer mehr einer schlichten Gerade. Solche Objekte werden demnach als *glatt* bezeichnet. Bei einem Fraktal wird man jedoch nie eine Gerade erkennen können, sondern immer mehr Feinheiten des Objektes. Daher rührt die Bezeichnung "Fraktal", vom lateinischen *"fractus"* für "gebrochen", d.h. mit unzähligen Details übersät. Derartige Objekte waren schon seit Anfang des 20. Jahrhunderts bekannt, aber erst ab ca. 1970 wurde deren grundlegende Bedeutung erkannt. Davor wurden diese Objekte als "mathematische Monster" bezeichnet, da sie, wie ich im Folgenden erläutern werde, paradoxe Eigenschaften besitzen, die dem menschlichen Verstand mehr oder weniger "unbegreiflich" erscheinen. Dies änderte sich erst durch die Arbeit des Mathematikers BENOÎT MANDELBROT. Er erkannte, dass man mit Fraktalen etwas gänzlich Neues machen konnte, etwas was bis zu dieser Zeit als praktisch mathematisch unmöglich galt: die Modellierung und Beschreibung von "unregelmäßigen" Objekten der Natur, insbesondere der belebten, von der man annahm, sie könne nicht geometrisch beschrieben werden.

In dieser Besonderen Lernleistung setzte ich mich zunächst mit den "klassischen" Fraktalen des 20. Jahrhunderts auseinander, um anhand dieser die grundlegenden Konzepte der Fraktalgeometrie zu erläutern. Anschließend stelle ich die sog. *iterierten Funktionensysteme (IFS)*, ein mächtiges Verfahren zur Kodierung und Generierung von Fraktalen, vor. Dabei werde ich auf die genaue Definition und deren Verwendung zur Modellierung und Darstellung Naturähnlicher Strukturen eingehen. Um die Theorie der Fraktale anschaulich erläutern zu können, habe ich diese Arbeit mit zahlreichen Bildern, die ich zum Großteil selbst erstellt habe, illustriert. Dadurch vergrößert sich zwar der Umfang des Hauptteils, doch ist es meiner Meinung nach unmöglich, *Geometrie* ohne Verwendung von Bildern zu erklären.

Im Rahmen dieser BeLL ist ebenfalls ein Computerprogramm entstanden, das die Funktionalität der IFS implementiert und anschaulich begreifbar macht. Darüber hinaus befinden sich in dieser Arbeit Ausarbeitungen, die ich nicht der Literatur entnommen habe, insbesondere die Flächenformel der CESÀRO-Kurve.

---

[1] Im Folgenden aus **[Mand91]** S. 27ff.; **[WP5]**; **[Reit06]** S.13f., S. 52

1

2 Begriffe und Definitionen

Um Fraktale und ihre zugrunde liegende Geometrie verstehen zu können, ist es zunächst notwendig, einige mathematische Begriffe zu erläutern, die nicht in der Schulmathematik vermittelt wurden. Ohne die Kenntnis dieser Termini ist eine tief gehende Auseinandersetzung mit den Methoden und Theorien der fraktalen Geometrie nicht möglich. Bedauerlicherweise sind die Themen jedoch derart umfangreich, dass ich nur die wichtigsten Aspekte behandeln kann.

2.1 Räume[2]

Der Begriff des Raumes ist in der Mathematik sehr weit gefasst. Ich werde mich nur auf solche Räume beschränken, die mir aus der Schulmathematik bekannt sind bzw. sich einfach daraus herleiten lassen. Ich beginne mit folgender Definition:

Definition 2.1 *Ein Raum ist eine Menge, deren Elemente Punkte des Raumes sind.*

Aus der analytischen Geometrie sind bereits einige Veranschaulichungen solcher Räume bekannt, nämlich das zweidimensionale und das dreidimensionale Koordinatensystem. Aber auch die reelle Zahlengerade ist eine Veranschaulichung eines Raumes, nämlich des Raumes $\mathbb{R}$, der der Menge der reellen Zahlen entspricht. Dementsprechend werden der zweidimensionale Raum als $\mathbb{R}^2$ und der dreidimensionale als $\mathbb{R}^3$ bezeichnet ($\mathbb{R}^2$ wird auch *Euklidische Ebene*, nach der Geometrie des Euklid, genannt). Dabei werden die Punkte dieser jeweiligen Räume durch Koordinaten dargestellt, die Anzahl der Koordinaten ist gleich der Dimension, d.h. der "räumlichen Ausdehnungen" des Raumes, die sich im Exponenten nach dem $\mathbb{R}$ widerspiegeln; so hat ein beliebiger Punkt im Raum $\mathbb{R}^2$ die Koordinaten $(x \mid y)$ und in $\mathbb{R}^3$ $(x \mid y \mid z)$, wobei $x, y, z \in \mathbb{R}$ gilt. Die obige Definition impliziert (obwohl es nicht explizit gesagt ist), dass definiert ist, wie die Punkte im Raum anzuordnen sind und wie sie zueinander in Beziehung stehen. Ein Raum kann aber auch eine ganz andere "Art" von Menge sein als die hier vorgestellten Beispiele, z.B. können die Punkte eines Raumes ganze Funktionen sein, die eine bestimmte Eigenschaft besitzen (z.B. der Raum X aller differenzierbaren Funktionen, ein Punkt dieses Raumes wäre dann z.B. $f(x) = x^2$, $f \in X$). Im Folgenden werde ich auf die genauere Klassifikation von Räumen eingehen.

---

[2]Im Folgenden aus **[Barn95]** S.6ff.

2.1.1 Vektorräume

Ein *Vektorraum V* (oder *linearer Raum*) ist ein Raum, dessen Punkte als *Vektoren* bezeichnet werden, wenn Folgendes gilt:[3]

1. Die Addition zweier Punkte ergibt wiederum einen Punkt des Raumes, formal: für alle $\vec{a}, \vec{b} \in V$ gilt: $\vec{a} + \vec{b} \in V$.

2. Die Skalarmultiplikation ergibt wiederum einen Punkt des Raumes, formal: für alle $r \in \mathbb{R}$, $\vec{a} \in V$ gilt: $r \cdot \vec{a} \in V$.

Somit sind $\mathbb{R}$, $\mathbb{R}^2$ und $\mathbb{R}^3$ Beispiele für Vektorräume, da beide Bedingungen erfüllt sind. Ein Vektorraum kann aber auch eine beliebige andere Menge sein, auf die die obigen Bedingungen zutreffen.

Beispiel am Raum $\mathbb{R}^2$:

$$\begin{pmatrix} 1 \\ 2 \end{pmatrix} + \begin{pmatrix} 3 \\ 4 \end{pmatrix} = \begin{pmatrix} 4 \\ 6 \end{pmatrix} \text{ und } 3 \cdot \begin{pmatrix} 1 \\ 2 \end{pmatrix} = \begin{pmatrix} 3 \\ 6 \end{pmatrix}$$

2.1.2 Metrische Räume

Nun komme ich zu einer Art von Räumen, die für das Verständnis der fraktalen Geometrie von entscheidender Bedeutung sind.[4]

Unter einem *metrischen Raum* (X, d) versteht man einen gegebenen Raum X (z.B. den Vektorraum $\mathbb{R}^2$), der mit einer sog. *Metrik d* versehen ist. Eine Metrik $d(x, y)$ ist eine Funktion, die den Abstand zwischen zwei gegebenen Punkten $x, y \in X$ angibt. Diese Funktion darf aber nicht beliebig sein, sondern muss folgende Eigenschaften besitzen:

1. Für den Abstand zweier Punkte muss gelten (es muss eine Symmetrie vorhanden sein): $d(x, y) = d(y, x)$ für alle $x, y \in X$

2. Der Abstand zwischen zwei unterschiedlichen Punkten darf nicht unendlich groß oder 0 sein, formal: $0 < d(x, y) < \infty$ für alle $x, y \in X$ wenn $x \neq y$.

3. Der Abstand identischer Punkte muss 0 sein, formal: $d(x, x) = 0$ für alle $x \in X$

4. Die Dreiecksungleichung (In einem beliebigen Dreieck gilt: "*Die Summe der Längen der Seiten a und b ist größer oder gleich der Länge der Seite c, d.h. $c \leq a + b$* ") muss erfüllt sein:
   $d(x, y) \leq d(x, z) + d(z, y)$ für alle $x, y, z \in X$

---

[3]Im Folgenden aus **[Barn95]** S.7; **[Baum01]** S.47
[4]Im Folgenden aus **[Barn95]** S. 11f.; **[Peit92]** S. 315ff.

Aus der Schulmathematik ist bereits eine solche Metrik bekannt, ohne sie explizit als solche aufgefasst zu haben, nämlich der Abstand zwischen zwei Punkten als Betrag des Vektors von A nach B:

$$d_E(A, B) = |\overrightarrow{AB}| = \sqrt{(a_x - b_x)^2 + (a_y - b_y)^2} \text{ für alle } A, B \in \mathbb{R}^2 \tag{1}$$

und

$$d_E(A, B) = |\overrightarrow{AB}| = \sqrt{(a_x - b_x)^2 + (a_y - b_y)^2 + (a_z - b_z)^2} \text{ für alle } A, B \in \mathbb{R}^3. \tag{2}$$

Diese Metrik wird als die *Euklidische Metrik* bezeichnet. Eine weitere Metrik ist z.B. die sog. *Gittermetrik* bzw. *Manhattanmetrik*:

$$d_g(A, B) = |a_x - b_x| + |a_y - b_y| \text{ für alle } A, B \in \mathbb{R}^2 \tag{3}$$

und

$$d_g(A, B) = |a_x - b_x| + |a_y - b_y| + |a_z - b_z| \text{ für alle } A, B \in \mathbb{R}^3 \tag{4}$$

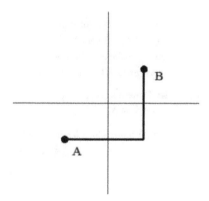

Abbildung 1: Veranschaulichung der Gittermetrik

Diese Metrik gibt nicht mehr den kürzesten direkten Abstand an, sondern die Länge des Weges über die Maschen eines gedachten Gitters, ähnlich der Straßenanordnung in Manhattan (daher der Name *Manhattanmetrik*). Es gibt unzählige Arten von Metriken, aber nicht alle haben eine so intuitive Begreifbarkeit wie die bereits vorgestellten. So gibt es die sog. *diskrete Metrik*, deren Definition relativ abstrakt ist und keinerlei praktische Veranschaulichung bietet (sie kann auf beliebige Räume angewendet werden):[5]

$$d_d(A, B) = \begin{cases} 0 \text{ für } A = B \\ 1 \text{ für } A \neq B \end{cases} \text{ für alle } A, B \in X \tag{5}$$

Bei der diskreten Metrik beträgt der Abstand identischer Punkte also 0 und unterschiedlicher Punkte 1. Diese Metrik ist eher eine theoretische Spielerei, um zu zeigen, dass auch sehr abstrakte Funktionen die vier Eigenschaften einer Metrik erfüllen können.

2.2 Affine Abbildungen

Eine *Abbildung* ist allgemein eine Funktion f, die einen Raum X auf einen Raum Y abbildet, formal $f : X \to Y$, dabei wird jeder Punkt des Raumes X auf einen Punkt des Raumes Y abgebildet.[6] Für die fraktale Geometrie sind eine spezielle Art von Abbildungen, sog. *affine Abbildungen*, für das Verständnis unbedingt notwendig.[7] Eine affine Abbildung bildet einen Punkt eines beliebigen Vektorraumes auf einen anderen Punkt desselben Raumes ab. Ich werde mich hierbei auf den Raum $\mathbb{R}^2$ beschränken. Eine affine Abbildung w hat demnach die allgemeine Form

$$w : \mathbb{R}^2 \to \mathbb{R}^2. \tag{6}$$

Affine Abbildungen ordnen einem Urbildpunkt $P \in \mathbb{R}^2$ genau einen Bildpunkt $P' \in \mathbb{R}^2$ zu, man nennt eine solche Abbildung eineindeutig bzw. *bijektiv*. Aus der Schulgeometrie sind bereits einige affine Abbildungen bekannt, darunter die *Ähnlichkeitsabbildungen*, wie z.B. die zentrische Streckung. Zu den affinen Abbildungen zählen insgesamt die *Translation* (Verschiebung), die *Skalierung*, die *Rotation* (Drehung), die *Spiegelung* und die *Transvektion* (Scherung). Alle diese Abbildungen und deren Kombinationen lassen sich durch eine Matrix $A = \begin{pmatrix} a & b \\ c & d \end{pmatrix}$ und einen Verschiebungsvektor $\vec{v} = \begin{pmatrix} e \\ f \end{pmatrix}$ darstellen. Zusammengefasst lässt sich eine affine Abbildung durch die Formel

$$w : \vec{p'} = A\,\vec{p} + \vec{v} \tag{7}$$

$$w : \begin{pmatrix} p'_x \\ p'_y \end{pmatrix} = \begin{pmatrix} a & b \\ c & d \end{pmatrix} \cdot \begin{pmatrix} p_x \\ p_y \end{pmatrix} + \begin{pmatrix} e \\ f \end{pmatrix} \tag{8}$$

---

[5] **[WP1]**

[6] **[Barn95]** S. 57f.; **[Baum01]** S.174

[7] Im Folgenden aus **[Baum01]** S.177ff.; **[Spre09]** S.5; **[Gruh06]** S. 21

beschreiben. Um nun die Koordinaten eines Punktes zu berechnen, muss man zunächst die Matrizenmultiplikation $A \cdot \vec{x} = \begin{pmatrix} a & b \\ c & d \end{pmatrix} \cdot \begin{pmatrix} p_x \\ p_y \end{pmatrix} = \begin{pmatrix} a \cdot p_x + b \cdot p_y \\ c \cdot p_x + d \cdot p_y \end{pmatrix}$ ausführen. Anschließend addiert man $\vec{v}$ und erhält $\begin{aligned} p'_x &= a \cdot p_x + b \cdot p_y + e \\ p'_y &= c \cdot p_x + d \cdot p_y + f \end{aligned}$ für die beiden Koordinaten des Bildpunktes P'. Nun möchte ich erläutern, wie man durch die Matrizendarstellung alle oben erwähnten Abbildungen beschreiben kann.

Abbildung 2: Eine skalierende und scherende affine Abbildung wird auf das schwarze Quadrat angewendet. Ergebnis ist das graue Parallelogramm.

2.2.1 Translation

Für die Translation um einen Vektor $\vec{v} = \begin{pmatrix} v_x \\ v_y \end{pmatrix}$ benutzt man diesen als Verschiebungsvektor. Da bei der Matrizenmultiplikation die Ursprungskoordinaten erhalten bleiben sollen, muss die Abbildungsmatrix $A = \begin{pmatrix} 1 & 0 \\ 0 & 1 \end{pmatrix}$ lauten. Somit erhält man:

$$w_t : \begin{pmatrix} p'_x \\ p'_y \end{pmatrix} = \begin{pmatrix} 1 & 0 \\ 0 & 1 \end{pmatrix} \cdot \begin{pmatrix} p_x \\ p_y \end{pmatrix} + \begin{pmatrix} v_x \\ v_y \end{pmatrix} \tag{9}$$

Diese Abbildung verschiebt also den Punkt P' um den Vektor $\vec{v}$.[8]

Beispiel Verschiebung von $A\,(3|6)$ um $\vec{v} = \begin{pmatrix} 2 \\ 3 \end{pmatrix}$:

$$\vec{a'} = \begin{pmatrix} 1 & 0 \\ 0 & 1 \end{pmatrix} \cdot \begin{pmatrix} 3 \\ 6 \end{pmatrix} + \begin{pmatrix} 2 \\ 3 \end{pmatrix} = \begin{pmatrix} 3+0+2 \\ 0+6+3 \end{pmatrix} = \begin{pmatrix} 5 \\ 9 \end{pmatrix}$$

Die Koordinaten von A' lauten demnach $A'(5|9)$.

2.2.2 Skalierung

Eine Skalierung ist eine Größenänderung eines Objektes, z.B. eines Rechtecks. Dabei kann dies in x- und bzw. oder in y-Richtung geschehen. Ein Objekt wird skaliert, indem man

---

[8][Gruh06] S. 6f.; [Spre09] S. 6

6

eine affine Abbildung der Form (der Verschiebungsvektor wurde der Übersichtlichkeit wegen weggelassen)

$$w_s = \begin{pmatrix} p'_x \\ p'_y \end{pmatrix} = \begin{pmatrix} a & 0 \\ 0 & b \end{pmatrix} \cdot \begin{pmatrix} p_x \\ p_y \end{pmatrix} \; ; \; a, b \in \mathbb{R}^*_+ \tag{10}$$

verwendet. Dabei skalieren der Faktor a in x-Richtung und der Faktor b in y-Richtung.[9]

Beispiel Skalierung des Dreiecks $\triangle_{ABC}$ mit $A = (0|1)$, $B = (0|0)$ und $C = (1|0)$ auf $0,5$ in x- und y-Richtung:

Die affine Abbildung dazu lautet $w_s = \begin{pmatrix} p'_x \\ p'_y \end{pmatrix} = \begin{pmatrix} 0,5 & 0 \\ 0 & 0,5 \end{pmatrix} \cdot \begin{pmatrix} p_x \\ p_y \end{pmatrix}$. Somit lauten die Koordinaten des neuen Dreiecks $A'(0|0,5)$, $B'(0|0)$ und $C'(0,5|0)$.

2.2.3 Rotation

Als Nächstes behandle ich die Rotation, zunächst nur um den Ursprung, dann um einen beliebigen Punkt Q. Um einen Punkt P mit einen Winkel α gegen den Uhrzeigersinn um den Ursprung $O\,(0|0)$ zu drehen, verwendet man eine Abbildungsmatrix (*Rotationsmatrix*) der Form

$$w_s = \begin{pmatrix} p'_x \\ p'_y \end{pmatrix} = \begin{pmatrix} \cos\alpha & -\sin\alpha \\ \sin\alpha & \cos\alpha \end{pmatrix} \cdot \begin{pmatrix} p_x \\ p_y \end{pmatrix} \; ; \; \alpha \in \mathbb{R}. \tag{11}$$

Um nun eine Rotation um einen beliebigen Punkt $Q = (q_x|q_y)$ durchzuführen, muss man den zu drehenden Punkt P und den Punkt Q derart verschieben, dass Q auf O fällt. Dazu verschiebt man P einfach um $-q = -\begin{pmatrix} q_x \\ q_y \end{pmatrix}$. Nun kann man die gewohnte Rotationsmatrix anwenden. Anschließend muss man P an den Ausgangspunkt zurückversetzen. Zusammengefasst ergibt dies $\vec{p'} = A \cdot (\vec{p} - \vec{q}) + \vec{q}$.[10]

2.2.4 Weitere affine Abbildungen

Auf die weiteren Arten von affinen Abbildungen wie *Scherung* und *Spiegelung* gehe ich nicht weiter ein, da die bereits beschriebenen Arten für das Verständnis ausreichend sind. Erstere lassen sich aber ebenfalls durch die Elemente der Abbildungsmatrix und einen Verschiebungsvektor darstellen.

2.2.5 Verkettung affiner Abbildungen

Um z.B. erst eine Rotation α und anschließend eine Skalierung β, also $\beta(\alpha(\vec{x}))$, durchzuführen, lassen sich zwei affine Abbildungen $\alpha : \vec{x'} = A \cdot \vec{x}$ und $\beta : \vec{x'} = B \cdot \vec{x}$ miteinander

---

[9][Spre09] S. 6; [Peit92] S. 283
[10][Spre09] 8f.

verknüpfen, indem man die Matrix A mit der Matrix B und anschließend mit $\vec{x}$ multipliziert. Für die Verkettung verwendet man das Symbol $\circ$. Der Ausdruck $\alpha \circ \beta$ bedeutet, dass *erst* β und *dann* α angewendet wird, d.h. $\alpha(\beta(\vec{x}))$. Für das obige Beispiel ergibt sich daher $\vec{x'} = B \cdot A \cdot \vec{x} = \beta \circ \alpha$. Zu beachten ist, dass die Matrizenmultiplikation nicht kommutativ ist, also in der Regel $A \cdot B \neq B \cdot A$ gilt.[11]

2.2.6 Berechnung einer affinen Abbildung

Eine affine Abbildung lässt sich durch jeweils drei gegebene Bild- und Urbildpunkte $\vec{x}$, $\vec{y}$, $\vec{z}$, $\vec{x'}$, $\vec{y'}$, $\vec{z'}$ berechnen.[12] Dazu nutzt man die Tatsache, dass $\begin{pmatrix} a & b \\ c & d \end{pmatrix}\begin{pmatrix} p_x \\ p_y \end{pmatrix} + \begin{pmatrix} e \\ f \end{pmatrix} = \begin{pmatrix} p'_x \\ p'_y \end{pmatrix}$ gilt und man somit zwei lineare Gleichungssysteme

$$
\begin{array}{lll}
x_x a + x_y b + e = x'_x & & x_x c + x_y d + f = x' \\
y_x a + y_y b + e = y'_x & \text{und} & y_x c + y_y d + f = y'_y \\
z_x a + z_y b + e = z'_x & & z_x c + z_y d + f = z'_y
\end{array}
\tag{12}
$$

aufstellen kann. Durch Lösen dieser LGS erhält man die Elemente der Abbildungsmatrix a, b, c, d und die Komponenten des Translationsvektors e, f der entsprechenden Abbildung w, die $\vec{x}$, $\vec{y}$ und $\vec{z}$ auf $\vec{x'}$, $\vec{y'}$ und $\vec{z'}$ abbildet. Wählt man willkürlich beliebige Bild- und Urbildpunkte, so erhält man in der Regel eine Verkettung verschiedener affiner Abbildungen.

2.2.7 Fixpunkte affiner Abbildungen

Ein Fixpunkt P ist ein Punkt, der bei Anwendung einer affinen Abbildung *invariant* (unverändert) bleibt, d.h. dass $f(\vec{p}) = \vec{p}$ gilt. Fixpunkte lassen sich mit Hilfe der Formeln

$$
x = \frac{-e(d-1) + bf}{(a-1)(d-1) - bc}, \qquad y = \frac{-f(a-1) + ce}{(a-1)(d-1) - bc}
\tag{13}
$$

berechnen. (a, b, c, d sind die Elemente der Abbildungsmatrix und e, f die Komponenten des Translationsvektors.)[13]

2.2.8 Eigenschaften affiner Abbildungen

Je nach ihren Eigenschaften lassen sich affine Abbildungen in folgende Gruppen einteilen:[14]

---

[11] **[Baum01]** S.186; **[Spre09]** S. 12
[12] Im Folgenden aus **[Spre09]** S. 11
[13] **[Peit92]** S. 283
[14] Im Folgenden aus **[Gruh06]** S. 21

- *Kongruenzabbildungen* (umfassen Spiegelungen, Translationen und Rotationen sowie deren Verkettungen)

  - Abgebildete Objekte sind zum Urbild *deckungsgleich* (*kongruent*), d.h., dass Form und Größe des Bildes der des Urbilds entspricht.
  - Daraus folgt: Parallelität, Flächeninhalt, Flächenverhältnisse, Winkel, Längen und Längenverhältnisse bleiben *invariant*.

- *Ähnlichkeitsabbildungen* (umfassen Kongruenzabbildungen sowie Skalierungen und deren Verkettungen)

  - Parallelität, Winkel, Flächenverhältnisse und Längenverhältnisse bleiben *invariant*.

- *Affine Abbildungen* (umfassen Kongruenzabbildungen, Ähnlichkeitsabbildungen sowie Scherungen und deren Verkettungen)

  - Parallelität, Flächenverhältnisse und Längenverhältnisse bleiben *invariant*.

2.2.9 Kontraktionen

Eine *Kontraktion* ist eine besondere Art von (affinen) Abbildungen.[15] Eine unendliche Anwendung dieser bewirkt, dass ein beliebiger metrischer Raum X auf einen einzigen Punkt zusammengezogen wird. Dieser Punkt ist zugleich der einzige Fixpunkt dieser (affinen) Abbildung.[16] Die Kontraktion verursacht demnach eine Stauchung aller Mengen, die in dem Raum eingebettet sind. Für eine Kontraktion $w : X \to X$ gilt folglich

$$d(w(x),\, w(y)) \leq s \cdot d(x, y) \text{ für alle } x, y \in X . \tag{14}$$

Dabei wird s als *Kontraktionsfaktor* bezeichnet. Er gibt an, wie "stark" der Raum gestaucht wird. Ob eine Abbildung eine Kontraktion ist, hängt offensichtlich davon ab, bezüglich welcher Metrik d man sie betrachtet. Beispielsweise gibt es Metriken, die bezüglich der Euklidischen Metrik Kontraktionen sind, bezüglich der Gittermetrik aber nicht.

---

[15]Im Folgenden aus **[Barn95]** S. 84f.

[16]Dies besagt der sog. *Fixpunktsatz von Banach,* vgl. auch **[Peit92]** S. 317ff.

Abbildung 3: Eine unendliche Ausführung einer Kontraktion zieht einen metrischen Raum auf einen einzigen Punkt zusammen.

2.3 Dimension

Dimension ist ein zentraler Begriff in der fraktalen Geometrie, wo er als Maß für die "*Gebrochenheit*" von Objekten dient.[17] Um dies verstehen zu können, muss zunächst geklärt werden, was in der "klassischen" Geometrie darunter verstanden wird.

Prinzipiell gibt die *einbettende Dimension* eines Vektorraumes an, wie viele Ausdehnungen (oder *Freiheitsgrade*) dieser besitzt. Diese ist gegeben durch die Anzahl der Koordinaten des Vektors, so hat ein Vektor des Raumes $\mathbb{R}^2$ zwei Koordinaten $\vec{x} = \begin{pmatrix} x_1 \\ x_2 \end{pmatrix}$. Dementsprechend hat der Raum $\mathbb{R}^3$ die Dimension drei.[18] Dimensionen kann man aber nicht nur für Räume, sondern auch für darin eingebettete Objekte, die dann als *Teilmenge* des Raumes bezeichnet werden, bestimmen. Befindet sich z.B. eine Gerade in der Ebene, so hat diese die Dimension 1, da sie nur eine Ausdehnung besitzt (sie ist unendlich lang, aber auch *unendlich* dünn.). Ein Punkt dagegen hat die Dimension 0.

2.3.1 Topologische Dimension

Um die Dimension einer Teilmenge genau zu bestimmen, wurde die sog. topologische Dimension eingeführt.[19] Sie entspricht der "intuitiven" Dimension, die man einer Teilmenge anschaulich zuordnen kann. Zunächst kläre ich grob, was überhaupt unter "Topologie" verstanden wird: Die *Topologie* ist ein Teilgebiet der Mathematik, das sich mit Objekten befasst, die sich in einem "gummiartigen" Raum befinden, d.h., dass diese durch bestimmte

---

[17]Im Folgenden aus **[Peit92]** S. 128ff.; **[WP2]**; **[WP3]**

[18]Hier gibt ebenfalls der Exponent über dem "$\mathbb{R}$" die Dimension an.

[19]Im Folgenden aus **[Peit92]** S. 130ff.

Abbildungen beliebig transformiert ("verzerrt") werden können. Diese Abbildungen werden als *Homöomorphismen* bezeichnet. Die "Verzerrungen", die sie beschreiben, sind jedoch nicht beliebig, sondern lassen Löcher und Verbindungsstellen invariant. So gibt es Homöomorphismen, die eine Gerade in eine gezackte bzw. "zerknüllte" Linie transformieren. Solche Objekte, die durch Homöomorphismen ineinander übergehen können, bezeichnet man als *homöomorph* oder *topologisch äquivalent*. Demnach sind z.B. auch eine glatte Kugel und ein "kartoffelartiges" Gebilde homöomorph. Nicht homöomorph wäre dagegen die Kugel mit einem Torus, da dieser ein Loch enthält.

Um nun die Dimensionen von Teilmengen zu bestimmen, hat der französische Mathematiker HENRI LEBESGUE folgende sehr anschauliche Definition[20] auf Basis der Topologie entwickelt:[21]

Es soll versucht werden, die gegebene Menge durch kleine Kugeln oder Kreisscheiben derart komplett zu überdecken, dass die Anzahl an Überschneidungen n zwischen diesen minimal wird. Die Dimension der Menge beträgt dann $n - 1$. Ein Beispiel: Die Dimension eines Punktes ist 0, weil er bereits durch eine Kreisscheibe beliebigen Radius überdeckt werden kann. Ebenso verfährt man mit Geraden. Hier ist die minimale Überschneidung zwei, daher ist sie eindimensional. Diese Dimension ergibt sich aber folglich auch für z.B. für eine Kurve oder den Rand einer Acht. All diese Objekte sind demnach topologisch betrachtet eindimensional.

Abbildung 4: Veranschaulichung der Überdeckungsdimension anhand eines Punktes und einer Kurve

---

[20]Diese Definition wird daher als LEBESGUE'SCHE *Überdeckungsdimension* bezeichnet.
[21]Im Folgenden aus [Peit92] S. 135f.; [WP4]

3 Klassische Fraktale

Nachdem die mathematischen Grundlagen behandelt wurden, kann ich nun beginnen, mich dem zentralen Thema dieser Arbeit zuzuwenden. Zunächst ist aber zu klären, was überhaupt unter einem *Fraktal* zu verstehen ist.

3.1 Was ist ein Fraktal?

Bei Fraktalen handelt es sich um komplexe geometrische Figuren, deren Struktur stark *"gebrochen"* (lat. *"fractus"*, daher der Name *"Fraktal"*) bzw. *"zerklüftet"* erscheint und die einen hohen Grad an *Skaleninvarianz* aufweisen.[22] Dies bedeutet, dass bei Vergrößerung eines Ausschnitts eines Fraktales stets immer feinere Strukturen erkennbar sind, egal wie stark der Vergrößerungsfaktor ist, man sagt dazu auch, das Fraktal habe *"Details auf allen Stufen"*. Diese Eigenschaft unterscheidet Fraktale von den Objekten der "klassischen" Geometrie, wo bei hinreichender Vergrößerung, z.B. des Randes eines Kreises, eine Gerade erkennbar ist, was in Übrigen die Differenzierbarkeit dieser Objekte, also die Bestimmung der Steigung in einem Punkt, z.B. von Funktionsgraphen, überhaupt ermöglicht.[23] Die skaleninvarianten Fraktale dagegen lassen die Bestimmung der Steigung in keinem ihrer Punkte zu.

Dies ist die grundlegende Eigenschaft, die alle Fraktale verbindet. Darüber hinaus gibt es einige spezifische Eigenschaften, auf die ich weiter unten eingehen werde. Zunächst stelle ich einige der sog. *klassische Fraktale* vor. Sie wurden Ende des 19. bis Anfang des 20. Jahrhunderts entwickelt und von den Mathematikern als "mathematische Monster" bezeichnet, weil sie sich grundsätzlich von den bisherigen Objekten der Geometrie unterschieden.[24]

Formal handelt es sich bei Fraktalen um *kompakte*[25] Teilmengen eines *vollständigen*[26] metrischen Raumes. Der Raum, auf den die Metrik definiert ist, kann z.B. $\mathbb{R}$, $\mathbb{R}^2$ oder $\mathbb{R}^3$ sein. Im Folgenden werde ich mich aber auf den Vektorraum $\mathbb{R}^2$ beschränken.

---

[22]Im Folgenden aus [**Mand91**] S. 27ff., S. 31f., S. 394; [**WP5**]; [**Reit06**] S.13f.

[23]Solche Objekte werden daher als *glatt* bezeichnet, vgl. [**Reit06**] S. 52

[24][**Peit92**] S. 81ff.

[25]*Kompaktheit* bedeutet, dass eine Menge X innerhalb eines Kreises im Raum liegt, d.h. dass sie "nicht unendlich ausgedehnt" (formal: *beschränkt*) ist und dass der Grenzwert einer konvergenten Folge von Punkten der Menge ebenfalls ein Punkt in X ist (formal: *abgeschlossen*). (vgl. auch [**Peit92**] S. 320 und [**WP6**])

[26]Ein metrischer Raum X heißt *vollständig*, wenn der Grenzwert jeder Punktfolge, deren Punkte immer dichter liegen, d.h. der Abstand zwischen diesen immer geringer wird, ebenfalls Punkt des Raumes ist. (Eine solche Folge bezeichnet man als CAUCHY-*Folge*.) (vgl. auch [**Peit92**] S. 317)

Abbildung 5: Veranschaulichung der Skaleninvarianz: Jeder beliebig kleine Ausschnitt zeigt Details wie das gesamte Fraktal.

3.2 Die KOCH-Kurve

Die KOCH-Kurve (nach dem schwedischen Mathematiker HELGE VON KOCH) ist eines der bekanntesten Fraktale überhaupt.[27] VON KOCH stellte sie als Kurve vor, die überall stetig, aber nirgends differenzierbar ist, da sie praktisch nur aus "Ecken" besteht, die keine eindeutige Tangente zulassen.

Zunächst erläutere ich die Konstruktion dieser Kurve: Die KOCH-Kurve entsteht, indem man einen sog. *Initiator*, d.h. ein Ausgangsobjekt, in diesem Fall eine Strecke der Länge 1, drittelt und anschließend den mittleren Teil durch zwei Kopien dieses Drittels ersetzt, sodass diese in einem Winkel von $\alpha = 60°$ zueinander und zur Initiatorstrecke stehen. Diesen Schritt, der als *Generator* bezeichnet wird, wendet man anschließend auf alle vier entstandenen Teilstrecken an, und wiederholt (*iteriert*) dies (theoretisch) unendlich oft. Das Fraktal, das bei diesem Prozess entsteht, hat besondere Eigenschaften, auf die ich im Folgenden genauer eingehen werde. Es folgt nun ein Bild, das diesen Konstruktionsprozess verdeutlichen soll.

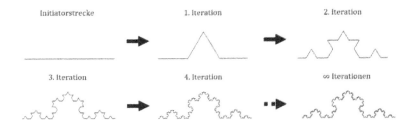

Abbildung 6: Konstruktion der KOCH-Kurve

Wie man leicht erkennen kann, erhöht sich die Anzahl an Ecken pro Iterationsschritt n um 4^{n-1}, sodass die Grenzkurve, wie bereits oben erwähnt, aus unendlich vielen Ecken - und zwar ausschließlich aus Ecken - zusammengesetzt ist, was nur daher kein Paradoxon ist,

---

[27] Im Folgenden aus **[Peit92]** S. 107ff.

da der Konstruktionsprozess unendlich oft iteriert wird. Diese bemerkenswerte Eigenschaft macht sie daher an keiner Stelle differenzierbar.

3.2.1 Selbstähnlichkeit der KOCH-Kurve[28]

Selbstähnlichkeit bedeutet, dass ein Objekt aus verkleinerten Kopien seines selbst zusammengesetzt ist, die durch die Anwendung einer kontrahierenden *Ähnlichkeits*abbildung entstanden sind. Viele (aber längst nicht alle) Fraktale sind selbstähnlich, und die KOCH-Kurve ist ein typisches Beispiel dafür. Betrachtet man sie genau, so erkennt man leicht, dass sie aus vier auf $\frac{1}{3}$ skalierten Teilen aufgebaut ist, von denen der zweite um -60° und der dritte Teil um +60° rotiert worden ist. Nimmt man nun einen dieser Teile und vergrößert ihn auf das Dreifache, so erhält man wiederum die gesamte Kurve. Dabei setzt sich die Selbstähnlichkeit bei jeder beliebiger Vergrößerungsstufe fort, die Skaleninvarianz der KOCH-Kurve ist demnach eine direkte Folge ihrer Selbstähnlichkeit. Es ist jedoch zu beachten, dass *kein* Konstruktionsschritt der Kurve selbstähnlich bzw. skaleninvariant ist. Theoretisch wäre es nämlich möglich, diesen derart stark zu vergrößern, sodass die Details verschwinden würden und man die eckige Struktur erkennen könnte. Die Selbstähnlichkeit bezieht sich daher nur auf das Grenzobjekt, das nach (theoretisch) unendlich vielen Iterationen entsteht.[29]

Abbildung 7: Selbstähnlichkeit der KOCH-Kurve.

3.2.2 Die Länge der KOCH-Kurve

Nun möchte ich zeigen, wie man die Länge der Koch-Kurve bestimmen kann.[30] Wie bereits erwähnt, hat die Initiatorstrecke die Länge 1. Da der Generator diese durch $a_1 = 4$ Teilstrecken der Länge $l_1 = \frac{1}{3}$ ersetzt, beträgt die Länge der Kurve L während der ersten Iteration $L_1 = \frac{4}{3}$. Bei der zweiten Iteration verkürzt sich die Länge der Teilstrecken auf $l_2 = \frac{1}{3} \cdot \frac{1}{3} = \frac{1}{3}^2$, deren Anzahl steigt jedoch auf $a_2 = 4 \cdot 4 = 4^2$ und deren Gesamtlänge lautet demnach $L_2 = \frac{4^2}{3^2}$. Für die dritte Iteration gilt $l_3 = \frac{1}{3}^3$, $a_3 = 4^3$ und $L_3 = \frac{4^3}{3^3}$. Daraus lässt sich folgern, dass für jeden beliebigen Teilschritt n $l_n = \frac{1}{3}^n$, $a_n = 4^n$ und $L_n = (\frac{4}{3})^n$ gilt, d.h. dass

---

[28]Im Folgenden aus [Mand91] S. 394; [Peit92] S. 172
[29][Peit92] S. 180
[30]Vgl. im Folgenden [Peit92] S. 113

14

die Gesamtlänge pro Iteration um $\frac{3}{4}$ zunimmt. Da das Konstruktionsverfahren unendlich oft wiederholt wird, ergibt sich für die KOCH-Kurve eine Länge von

$$L_\infty = \lim_{n \to \infty} \left(\frac{4}{3} \right)^n = \infty. \tag{15}$$

Die Koch-Kurve hat also eine unendliche Länge! Zwar belegt sie eine endliche Fläche,[31] da man sie ja auf einem Blatt Papier darstellen kann (wenn auch nur ungenügend), ist sie dennoch von einer gänzlich anderen Natur wie andere bekannte Objekte wie z.B. der Kreis, der nachweislich einen endlichen Umfang und eine endliche Fläche besitzt. Dies ist der Grund, warum die KOCH-Kurve und die anderen klassischen Fraktale als "Monster" bezeichnet wurden: Sie entsprachen nun mal nicht den gängigen Vorstellungen geometrischer Objekte.

3.3 Die CESÀRO-Kurve

Bei der CESÀRO-*Kurve* handelt es sich um eine Verallgemeinerung der KOCH-Kurve.[32] Zwar bleibt der Initiator die Einheitsstrecke, jedoch ändert sich der Generator dahin gehend, dass der Basiswinkel des von der Kurve umschlossenen gleichschenkligen Dreiecks, der bei der Koch-Kurve $\theta = 60°$ beträgt, variabel im Bereich von $\theta = 0°$ bis $\theta = 90°$ wird. Dadurch ändert sich folglich der Verkleinerungsfaktor in Abhängigkeit von θ. Im Folgenden zeige ich eine Zusammenstellung von verschiedenen CESÀRO-Kurven im Bereich von $\theta = 0°$ bis $\theta = 90°$ in Schritten von $10°$. Für $\theta = 0°$ ergibt sich die nicht-fraktale Einheitsstrecke, da es keine Längenzunahme wie bei den andren Fällen gibt. Ansonsten sind alle CESÀRO-Kurven wie die Koch-Kurve unendlich lang, der Zuwachs an Länge pro Iteration ist aber offensichtlich von θ abhängig. Da es sich bei θ um einen Parameter handelt, bilden alle CESÀRO-Kurven eine sog. *Kurvenschar*.

Abbildung 8: Verschiedene CESÀRO-Kurven

Man erkennt auf den ersten Blick, dass die Kurve mit zunehmendem θ immer mehr

---

[31] Weiter unten werde ich diese exakt bestimmen.

[32] Im Folgenden aus **[Mand91]** S. 76f.; **[Reit06]** S. 75ff.

"rauer" erscheint und immer mehr Fläche "umschließt", bis sie schließlich bei $\theta = 90°$ ein gleichschenkliges Dreieck mit einer Fläche von $\frac{1}{4}$ komplett ausfüllt. Dies scheint zunächst paradox, da es sich ja um eine Kurve, also ein Objekt mit der topologischen Dimension 1 handelt, das aber eine Fläche, also ein zweidimensionales Objekt, bildet.

3.3.1 Die fraktale Dimension D der CESÀRO-Kurve[33]

Wie es nun scheint, reicht die intuitive Vorstellung, die CESÀRO-Kurve als eindimensional zu betrachten, nicht aus. Für zunehmende Werte θ von scheint sie immer mehr "zerklüftet" zu sein und sich immer mehr einer Fläche anzunähern, also praktisch von "eindimensional zu zweidimensional" zu wechseln. Wie kann man nun ein solches Fraktal charakterisieren? Wenn man die Länge der Kurve u mit einer Genauigkeit von $\frac{1}{s}$ misst,[34] ergibt sich ein Potenzgesetz der Form $u \propto \frac{1}{s}^D$, jedoch strebt die Länge bei zunehmender Genauigkeit gegen unendlich. Interessant ist aber, dass dabei der Exponent D stets konstant bleibt, wodurch man $D + 1$ als *Dimension* der Kurve annehmen kann.[35] Beispielsweise erhält man für die KOCH-Kurve $D \approx 0,26$. Nur ergibt sich dadurch jedoch ein Problem: Bisher waren nur Zahlen aus $\mathbb{N}$ als Dimensionswerte erlaubt. Dies führte den französisch-polnischen Mathematiker BENOÎT MANDELBROT zu einem radikalen Umändern des Dimensionsbegriffs für derartige Objekte: Er erweiterte den Bereich auf $\mathbb{R}_+$, d.h., dass Dimensionen auch *gebrochene* Werte annehmen können (eine solche Dimension bezeichnet man daher als *fraktale Dimension D*). Dazu verwendete MANDELBROT die sog. HAUSDORFF-BESICOVITCH-Dimension D_H, die bereits zuvor von dem deutschen Mathematiker FELIX HAUSDORFF entwickelt und von ABRAM S. BESICOVITCH verfeinert wurde. Sie wurde ursprünglich nur für "klassische" Objekte angewandt, doch MANDELBROT erkannte, dass sie sich ideal zur Charakterisierung von Fraktalen eignet. Leider ist die Definition der HAUSDORFF-BESICOVITCH-Dimension derart komplex, dass sie den Rahmen dieser Arbeit sprengen würde. Stattdessen kann ich mich auf zwei andere Definitionen von fraktalen Dimensionen beschränken, die sich direkt aus der HAUS-DORFF-BESICOVITCH-Dimension herleiten lassen: zum Einen die *Selbstähnlichkeitsdimension* D_S und zum Anderen die *Box-Dimension D_B*, die ich im nächsten Abschnitt behandeln werde.

Die Selbstähnlichkeitsdimension setzt voraus - wie bereits der Name vermuten lässt -, dass das zu untersuchende Objekt (es muss nicht unbedingt ein Fraktal sein) selbstähnlich ist.[36] Sie lässt sich daher aus den bekannten Objekten, deren Dimension man intuitiv kennt, auf

---

[33]Im Folgenden aus **[Peit92]** S. 245ff.; **[Mand91]** S. 27, S. 49

[34]Beispielsweise durch Vermessen der Kurve mit einem Zirkel mit der Weite s.

[35]**[Peit92]** S. 232ff.

[36]Im Folgenden aus **[Peit92]** S. 249

einfachste Weise herleiten. Als Beispiel wird eine Strecke der Länge 1 genommen. Sie ist selbstähnlich, da sie aus verkleinerten Kopien ihrer selbst zusammengesetzt werden kann. Dasselbe gilt für ein Quadrat und ebenso für einen Würfel, deren Dimensionen allesamt bereits bekannt sind.

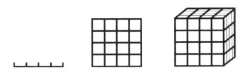

Abbildung 9: Strecke, Quadrat und Würfel sind selbstähnlich. (Seitenlänge jeweils 1 LE)

Die oben abgebildete Einheitsstrecke wurde in vier gleich lange Teile unterteilt, dasselbe gilt für die Seiten des Einheitsquadrates und des Einheitswürfels, d.h. dass der Skalierungsfaktor s jeweils $\frac{1}{4}$ lautet. Nun zähle man die Anzahl der Teilobjekte aus: Die Strecke besteht aus $n = 4$, das Quadrat aus $n = 4^2 = 16$ und der Würfel aus $n = 4^3 = 64$ Teilobjekten. Wie unschwer zu erkennen ist, ergibt der Exponent, ich nenne ihn D, jeweils die Dimension unserer Probeobjekte an. Daher kann folgende Behauptung aufgestellt werden:

$$(\frac{1}{s})^D = n$$

Die Anzahl der Teilobjekte ist also der Kehrwert des Skalierungsfaktors potenziert mit der Dimension des jeweiligen Probeobjektes. Diese Gleichung lässt sich durch Logarithmierung nach D umstellen und man erhält

$$D = \frac{\log n}{\log(\frac{1}{s})}. \tag{16}$$

Dies ist die Definition der Selbstähnlichkeitsdimenision D_s. Sie kann auf alle selbstähnlichen Fraktale angewendet werden. Nun wird versucht, die Dimension der CESÀRO-Kurve zu berechnen. Dazu wird zunächst der Fall $\theta = 60°$ genommen, also die KOCH-Kurve, deren Skalierungsfaktor bereits bekannt ist; er lautet $s = \frac{1}{3}$. Genauso ist bereits bekannt, dass die KOCH-Kurve, wie auch jede CESÀRO-Kurve, aus vier Kopien ihrer selbst zusammengesetzt ist. Die Selbstähnlichkeitsdimenision beträgt daher $D_s = \frac{\log 4}{\log(\frac{1}{3}^{-1})} = \frac{2 \cdot \log 2}{\log 3} \approx 1,262$. Diesen Wert kann man als Maß für die "Gebrochenheit", d.h. der komplexen Struktur, die das Fraktal bildet, ansehen.

Nun versuche ich, eine allgemeine Dimensionsgleichung für alle CESÀRO-Kurven aufzustellen. Dazu muss die Teilstreckenskalierung anhand des Basiswinkels θ des gleichschenkligen

17

Dreiecks bestimmt werden.[37]

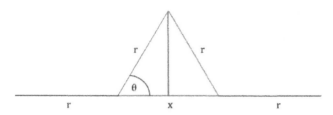

Abbildung 10: Generator der CESÀRO-Kurve

Wie der obigen Abbildung leicht zu entnehmen ist, entspricht der Skalierungsfaktor s für die Länge der Teilstrecken r dem Verhältnis der Grundstrecke $2r + x$ und r. In Abhängigkeit von θ ergibt sich folgende Rechnung

$$\frac{1}{s} = \frac{2r+x}{r}$$
$$\cos\theta = \frac{\frac{x}{2}}{r} = \frac{x}{2r}$$
$$x = \cos\theta \cdot 2r$$
$$\frac{1}{s} = \frac{2r+\cos\theta\cdot 2r}{r} = \frac{2r}{r} + \frac{\cos\theta\cdot 2r}{r} = 2 + 2\cos\theta = 2(1+\cos\theta)$$
$$s = \frac{1}{2(1+\cos\theta)}$$

Nun kann man die fraktale Dimension einer beliebigen CESÀRO-Kurve bestimmen

$$D_{Cesàro}(\theta) = \frac{\log 4}{\log(2(1+\cos\theta))}.$$

Beispielsweise erhält man für den Fall $\theta = 50°$ einen Wert von $D \approx 1,165$. Für die Grenzfälle $\theta = 0°$ und $\theta = 90°$ erhält man $D = 1$ bzw. $D = 2$. Die fraktale Dimension der CESÀRO-Kurve steigt also mit zunehmendem θ und nimmt Werte zwischen 1 und 2 an. Die topologisch betrachtet *eindimensionale* Kurve füllt bei $\theta = 90°$ schließlich sogar eine *Fläche* aus, bildet also ein zweidimensionales Objekt. Daher bezeichnet man die CESÀRO-Kurve in diesem Fall auch als CESÀRO-*Füllkurve*, da die sie eine Fläche gänzlich ausfüllt. (Es gibt weitere Fraktale, die ein sehr ähnliches Verhalten zeigen.) Zu beachten ist jedoch, dass die Kurve stets topologisch eindimensional bleibt, und das Bilden einer Fläche nur aus deren besonderen Verhalten resultiert, da die Kurve *selbst nie* zu einer Fläche wird, sondern theoretisch unendlich dünn bleibt. Ebenso interessant ist der Fall $\theta = 0°$, bei dem die Kurve die Einheitsstrecke bildet und somit kein Fraktal ist (da keine Skaleninvarianz vorliegt).

---

[37]Vgl. im Folgenden **[Reit06]** S. 75f.

Die CESÀRO-Kurve ist daher ein ideales Beispiel für die Auswirkungen der Änderung der fraktalen Dimension. Mit Hilfe dieser neuen Definition kann man beliebigen selbstähnlichen Objekten eine bestimmte Dimension zuordnen, die man als ein Maß für die "Zerklüftetheit" bzw. "Rauheit" sowie Komplexität des Fraktales auffassen kann. Natürlich ist eine Dimension, die Werte aus $\mathbb{R}$ annehmen kann, nicht besonders intuitiv, jedoch reicht die Betrachtung der topologischen Dimension nicht aus, um ein Fraktal zu beschreiben, da es sich anders verhält als die Objekte der "klassischen Geometrie". Jedoch kann auch die Dimension eines Fraktales durchaus ganzzahlig sein, wie man leicht am Beispiel der CESÀRO-Kurve $\theta = 90°$ feststellen kann. Eines haben aber alle fraktalen CESÀRO-Kurven gemeinsam: Ihre fraktale Dimension D ist stets größer als ihre topologische Dimension D_T, d.h., dass

$$D > D_T \tag{17}$$

gilt. Diese Definition für Fraktale wurde ebenfalls von MANDELBROT eingeführt und lässt sich auf fast alle fraktalen Mengen anwenden. Zwar gibt es wenige Ausnahmen, die sogar selbst MANDELBROT bedauert, jedoch hilft diese Definition, die allermeisten Fraktale, auf die diese zutrifft, von anderen Mengen abzugrenzen. Fakt ist, dass ein Objekt mit einer nicht ganzzahligen Dimension immer ein Fraktal ist. Im Folgenden werden ausschließlich Fraktale behandelt, auf die MANDELBROTS Definition zutrifft.[38]

3.3.2 Allgemeine Flächenformel der CESÀRO-Kurve[39]

Um noch einmal zu verdeutlichen, dass eine unendlich lange Kurve eine endliche Fläche einschließen kann, möchte ich an dieser Stelle die exakte Fläche berechnen, die die CESÀRO-Kurve mit der Einheitsstrecke, also ihrem Initiator, einschließt. Dazu ist es zunächst notwendig, die Fläche des gleichschenkligen Dreiecks, das bei der ersten Iteration entsteht, anhand des Basiswinkels θ zu bestimmen.

---

[38][Mand91] S. 27
[39]Diesen Zusammenhang habe ich selbst erarbeitet.

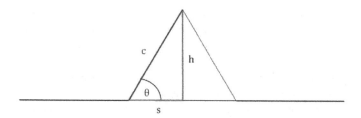

Abbildung 11: Die erste Iteration

Für die Fläche dieses Dreiecks A_Δ gilt in Abhängigkeit von θ:

$$A_\Delta = s \cdot h$$
$$h = \sin\theta \cdot c$$
$$s = \cos\theta \cdot c$$
$$c = \frac{1}{2(1+\cos\theta)}$$
$$A_\Delta = \frac{1}{4(1+\cos\theta)^2} \cdot \sin\theta \cdot \cos\theta$$

Interessant ist, dass diese Formel für $\theta = 60°$ und variablem c die bekannte Flächenformel für das gleichseitige Dreieck ergibt:

$$c^2 \cdot \sin 60° \cdot \cos 60° = \frac{c^2\sqrt{3}}{4}$$

Nun kann man das Verhalten der Flächen während der ersten Iterationen untersuchen:

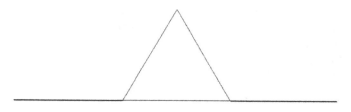

Abbildung 12: 1. Iteration

Während der 1. Iteration beträgt die Fläche der Konstruktionsstufe mit der Initiatorstrecke

$$A_1 = \frac{1}{4(1 + \cos\theta)^2} \cdot \sin\theta \cdot \cos\theta.$$

20

Abbildung 13: 2. Iteration

Bei der 2. Iteration kommen vier neue Dreiecke hinzu. Somit beträgt die Fläche nun

$$A_2 = \frac{1}{4(1+\cos\theta)^2} \cdot \sin\theta \cdot \cos\theta + 4\left(\left(\frac{1}{4(1+\cos\theta)^2}\right)^2 \cdot \sin\theta \cdot \cos\theta\right).$$

Entsprechend beträgt sie während der 3. Iteration, bei der $4^2 = 16$ neue Dreiecke hinzukommen:

$$A_3 = A_2 + 4^2 \left(\left(\frac{1}{4(1+\cos\theta)^2}\right)^3 \cdot \sin\theta \cdot \cos\theta\right)$$

Hieraus ergibt sich für die Fläche der Grenzkurve folgende Reihe:

$$A_{Cesàro} = \sum_{n=0}^{\infty} 4^n \left(\left(\frac{1}{4(1+\cos\theta)^2}\right)^{n+1} \cdot \sin\theta \cdot \cos\theta\right) \tag{18}$$

Diese Reihe ist für alle Werte von θ $(0° \leq \theta \leq 90°)$ konvergent. Beispielsweise erhält man für $\theta = 60°$ die exakte Fläche, die die KOCH-Kurve mit der Initiatorstrecke einschließt:[40]

$$A_{Koch} = \sum_{n=0}^{\infty} 4^n \left(\left(\frac{1}{4(1+\cos 60°)^2}\right)^{n+1} \cdot \sin 60° \cdot \cos 60°\right)$$

$$= \sum_{n=0}^{\infty} 4^n \left(\frac{1}{9}^{n+1} \cdot \frac{\sqrt{3}}{4}\right) = \sqrt{3} \cdot \sum_{n=0}^{\infty} \left(\frac{4^{n-1}}{9^{n+1}}\right)$$

$$= \frac{\sqrt{3}}{20} \approx \underline{\underline{0.0866025}}$$

Betrachtet man nun den Verlauf der Flächenentwicklung von $\theta = 0°$ bis $\theta = 90°$, so steigt

---

[40]Diese sich aus meiner Formel ergebende Beziehung habe ich verifizieren können, u. a. mit Hilfe von http://www.matheplanet.com/default3.html?call=article.php?sid=381 (20. Dezember 2010)

21

der Graph annähernd linear mit der Steigung $m \approx \frac{\frac{\sqrt{3}}{20}}{60} = \frac{\sqrt{3}}{1200}$ an (nur kurz vor Erreichen des Grenzfalls von 90° wird der Graph etwas flacher). Dabei ändert sich die Fläche von $A = 0$ bis auf $A \approx 0,125$. Im Grenzfall beträgt die Fläche wiederum ebenfalls 0, da es zwischen der Kurve und der Initiatorstrecke keine Fläche mehr geben kann; die Kurve *selbst* füllt nun diese aus, und zwar mit der oben genannten Fläche von $\frac{1}{4}$. Im Folgenden ist der Graph der Flächenfunktion

$$A_{Cesàro}(\theta) = \sum_{n=0}^{\infty} 4^n \left(\left(\frac{1}{4(1+\cos\theta)^2} \right)^{n+1} \cdot \sin\theta \cdot \cos\theta \right); 0° \leq \theta \leq 90°$$

dargestellt.[41]

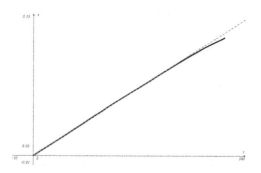

Abbildung 14: Graph der Flächenfunktion $A_{Cesàro}(\theta)$

Wie bereits erwähnt, sind die Flächen mit der Initiatorstrecke aller CESÀRO-Kurven mit $0° < \theta \leq 90°$ endlich, aber ihre Längen stets unendlich. Dieses Paradoxon erschwert es, solche Objekte zu handhaben. Jedoch kann dank der fraktalen Dimension jede dieser Kurven genau charakterisiert werden. Es lässt sich ebenfalls deutlich erkennen, dass mit zunehmender fraktaler Dimension auch die von der Kurve eingeschlossene Fläche ansteigt.

3.4   Weitere klassische Fraktale

Im Folgenden werde ich kurz einige weitere klassische Fraktale vorstellen. Ein tief gehendes Verständnis der ursprüngliche Gedanken der Mathematiker, die diese entwickelten, ist hier aus Platzgründen aber nicht möglich. Dennoch werden weitere "Anschauungsobjekte" benötigt, insbesondere im Hinblick auf den folgenden Abschnitt.

---

[41]Zur Verdeutlichung habe ich ebenfalls den Graphen der linearen Funktion $f(x) = \frac{\sqrt{3}}{1200} \cdot x$ hinzugefügt (gepunktete Linie).

3.4.1 Das SIERPIŃSKI-Dreieck[42]

Das SIERPIŃSKI-Dreieck wurde 1916 vom polnischen Mathematiker WACŁAW SIERPIŃSKI eingeführt. Es wird konstruiert, indem ein gleichseitiges Dreieck der Seitenlänge 1, dem *Generator*, in der Mitte ein weiteres Dreieck, deren Eckpunkte die Schnittpunkte der Seitenhalbierenden sind, entfernt wird (*Initiator*). Es verbleiben drei kongruente und dem Initiatordreieck ähnliche Dreiecke. Dieser Algorithmus wird unendlich oft auf die jeweils verbleibenden Dreiecke angewendet.

Abbildung 15: Konstruktion des SIERPIŃSKI-Dreiecks

Das bei diesem Verfahren entstandene Fraktal hat keine Fläche, da es sich um einen unendlichen Entfernungsprozess handelt,[43] und ist ebenso wie die KOCH-Kurve selbstähnlich: Es ist aus drei auf $\frac{1}{2}$ skalierten verkleinerten Kopien aufgebaut. Daher kann man auch hier die fraktale Dimension mit Hilfe der Selbstähnlichkeitsdimension bestimmen:

$$D_{Dreieck} = \frac{\log 3}{\log 2} \approx 1,59$$

Das SIERPIŃSKI-Dreieck ist also ein Gebilde, dass zwar keine Fläche hat, sich jedoch mehr wie ein zwei- als ein eindimensionales Objekt verhält.

3.4.2 Der SIERPIŃSKI-Teppich[44]

Dieses Fraktal wurde ebenfalls von WACŁAW SIERPIŃSKI eingeführt. Es beruht ebenso wie sein Dreieck auf einem unendlichen Entfernungsprozess. Hierbei ist jedoch nicht ein gleichseitiges Dreieck, sondern ein Quadrat der Seitenlänge 1 der *Initiator*. Anschließend wird dieses

---

[42]Im Folgenden aus **[Peit92]** S. 98ff.

[43]Der Initiator hat eine Fläche von $a = \frac{\sqrt{3}}{4}$. Pro Iteration n werden davon $\frac{3^n}{4^{n+1}} \cdot a$ Fläche entfernt. Insgesamt ergibt sich für das Fraktal eine entfernte Fläche von $\sum_{n=0}^{\infty} \left(\frac{3^n}{4^{n+1}} \cdot a \right) = a$, d.h. dass am Ende keine Fläche mehr vorhanden ist, da die entfernte Fläche der Anfangsfläche entspricht.

[44]Im Folgenden aus **[Peit92]** S. 102; **[Mand91]** S. 144; **[Reit06]** S. 72

in neun Teildreiecke geteilt, wovon das mittlere entfernt wird, wobei acht auf $\frac{1}{3}$ skalierte, kongruente und zu Urspungsquadrat ähnliche Teilquadrate übrig bleiben (*Generator*). Auch hier wird der Generator auf alle diese verbliebenen Quadrate angewendet. Zwar scheinen beide Fraktale einem sehr ähnlichen Konstruktionsprozess zu entstammen, so haben sie jedoch komplett unterschiedliche fraktale Dimensionen. Die Selbstähnlichkeitsdimension des SIERPIŃSKI-Teppichs beträgt

$$D_{Teppich} = \frac{\log 8}{\log 3} \approx 1,83$$

und zeigt, dass dieses Fraktal dem Verhalten nach einer Fläche deutlich näher ist als das SIERPIŃSKI-Dreieck und von einer weitaus größeren Komplexität ist.

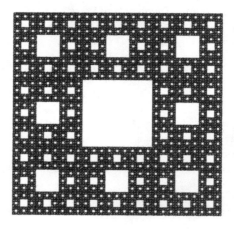

Abbildung 16: Der SIERPIŃSKI-Teppich

4 Iterierte Funktionensysteme (IFS)

In diesem Abschnitt stelle ich die sog. *iterierten Funktionensysteme (IFS)* vor. Es handelt sich hierbei um ein Verfahren zur Generierung fraktaler Bilder. Anhand der Theorie, die im Folgenden vorgestellt wird, habe ich als praktisches Produkt ein Computerprogramm entwickelt, das dieses Verfahren implementiert.

4.1 Die Metapher der MVKM

Iterierte Funktionensysteme lassen sich gut mit Hilfe der folgenden Metapher einer sog. *Mehrfach-Verkleinerungs-Kopier-Maschine (MVKM)* erläutern:[45] Man denke sich eine MVKM als ein Gerät, das aus n Linsensystemen zusammengesetzt ist, wobei jedes dieser Linsensysteme Bilder unterschiedlich stark kontrahiert und unabhängig ist, d.h., die Eingabe, die das System erhält, nicht von den anderen beeinflusst wird. Dabei kann die Anordnung dieser Systeme innerhalb der Maschine beliebig sein. Nimmt man nun ein beliebiges Anfangsbild A_0, so wird dieses kopiert und durch die Linsensysteme geschickt. Diese erzeugen jeweils eine verkleinerte Ausgabe des Ursprungsbildes. Alle diese Ausgaben werden nun zu einem einzigen Ausgabe-Bild zusammengesetzt, d.h., die Ausgabe ist eine "Collage" der jeweiligen Linsenausgaben entsprechend deren Anordnung. Nun befindet sich die Maschine in einer *Rückkoppelungsschleife*,[46] d.h. dass ihre Ausgabe ihr wieder als Eingabe zugeführt wird. Führt man diese Rückkoppelung unendlich oft aus, so erhält man eine Ausgabe A_∞, die unabhängig von dem Anfangsbild A ist. Ausschließlich die Anordnung der Linsensysteme ist für das Aussehen dieser als *Attraktor* der MVKM bezeichnete Ausgabe verantwortlich. Der Attraktor ist ein Zustand, gegen den das Rückkoppelungssystem *immer* streben wird. Nimmt man als Anfangsbild den Attraktor, so kommt es zu keiner Veränderung der Ausgabe. Es folgt eine Abbildung, die den Grundaufbau einer MVKM darstellt.

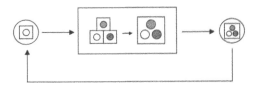

Abbildung 17: Schematischer Grundaufbau einer MVKM

---

[45]Im Folgenden aus **[Peit92]** S. 30, S. 277ff.

[46]Ein anderes Beispiel für ein Rückkoppelungssystem wäre z.B. das Filmen des Fernsehbildes mit einer an denselben Fernseher angeschlossenen Kamera. Dabei kommt eine Art "Bild-in-Bild"-Effekt zustande.

Eine MVKM ist eine *Rückkoppelungsmaschine*: Links ist die sog. *Eingabeeinheit*, in diesem Fall ein beliebiges Bild. Die Eingabe wird an die *Prozessoreinheit* übergeben, wo jede Kopie des Eingabebildes entsprechend dem Linsensystem verändert[47] und zu einer Collage zusammengesetzt wird. Anschließend wird das Bild der *Ausgabeeinheit* übergeben. Diese wiederum übergibt die Ausgabe an die Eingabeeinheit über die sog. *Rückkoppelungsleitung*.

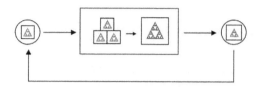

Abbildung 18: Der Attraktor als Eingabe ergibt wiederum den Attraktor.

Wie in der obigen Abbildung leicht zu erkennen ist, lässt diese spezielle MVKM ihren Attraktor unverändert. Der Attraktor der obigen MVKM ist in diesem Fall übrigens das SIERPIŃSKI-Dreieck! Dies ist kein Zufall, denn MVKMs haben in der Regel Fraktale als Attraktoren.[48]

Die MVKM ist daher eine geeignete Metapher für das Konzept der *iterierten Funktionssysteme*, das durch den Mathematiker JOHN HUTCHINSON im Jahr 1981 entwickelt wurde.

4.2 Definition von IFS

Nun komme ich zur mathematischen Beschreibung von IFS:[49]

Ein IFS ist gegeben durch eine Menge F von $N \in \mathbb{N}$ Kontraktionen w_n eines vollständigen metrischen Raumes X auf sich selbst, d. h. Bild- und Urbildpunkte der Abbildungen liegen im selben Raum:[50]

$$F = \{ w_n : X \to X \mid n = 1, 2, ..., N \} \tag{19}$$

Diese Kontraktionen stellen metaphorisch die Linsensysteme der MVKM dar. Es kann sich dabei um eine beliebige Kontraktion handeln, ich beschränke mich jedoch ausschließlich auf affine Abbildungen, theoretisch wären aber genauso auch andere Arten von Abbildungen möglich. Es wurde gezeigt, dass die MVKM alle Abbilder der Linsensysteme zu einem Ausgabebild zusammengefügt hat. Mathematisch betrachtet handelt es sich um die Abbildung

---

[47]Um zu verdeutlichen, dass jedes System unterschiedlich sein kann, verwende ich hier verschiedene Grautöne. Des weiteren ist die hier verwendete Anzahl von drei Systemen nur ein Beispiel.

[48]Natürlich ist das SIERPIŃSKI-Dreieck nur der Attraktor dieser spezifischen MVKM.

[49]Im Folgenden weitgehend aus **[Peit92]** S. 284ff.; **[Barn95]** S. 92

[50]**[WP7]**

$W(A)$ durch Vereinigung der jeweiligen Bildmengen, die durch eine der n Abbildungen auf die Ausgangsmenge A erzeugt wurden, formal

$$W(A) = w_1(A) \cup w_2(A) \cup \cdots \cup w_n(A) = \bigcup_{n=1}^{N} w_n(A)\,. \tag{20}$$

$W(A)$ wird als HUTCHINSON-*Operator* bezeichnet. Er kann als die Prozessoreinheit der MVKM angesehen werden. Der HUTCHINSON-Operator wird nun auf eine beliebige Anfangsmenge A_0 angewendet, wobei die erste Ausgabe der MVKM entsteht: $A_1 = W(A_0)$. Da es sich aber um ein Rückkoppelungssystem handelt, kann die Ausführung der MVKM als Iteration des HUTCHINSON-Operators angesehen werden:

$$A_{n+1} = W(A_n) \tag{21}$$

Die Ausgabe des Operators wird ihm also wieder als Eingabe zugeführt, genauso wie bei der MVKM. Iteriert man dieses System nun unendlich oft, so wird es stets immer gegen den stabilen Zustand, den *Attraktor* A_∞ des IFS, streben. Dabei gilt wie erläutert

$$A_\infty = W(A_\infty)\,, \tag{22}$$

d.h. dass der HUTCHINSON-Operator den Attraktor unverändert (*invariant*) lässt. Daher wird A_∞ auch als *Fixpunkt* des IFS bezeichnet. Zu beachten ist, dass ein IFS nur einen *einzigen* Attraktor haben kann, und dieser ist in der Regel fraktal. Diese Eigenschaft kann genutzt werden, um durch eine gegebene Anzahl von affinen Abbildungen ein Fraktal kodieren und generieren zu können. Das IFS strebt deshalb immer zu dem Attraktor, weil die verwendeten Abbildungen Kontraktionen sind, demnach auch der HUTCHINSON-Operator selbst. Dadurch lässt sich das *Banachsche Fixpunktprinzip* aufgreifen: Das System wird immer einen eindeutigen Fixpunkt haben.[51]

4.3 Kodierung von Fraktalen durch IFS[52]

Im Folgenden erläutere ich die Kodierung und Generierung von Fraktalen durch IFS. Der Attraktor dieser IFS wird dann stets das gegebene Fraktal sein. Da viele Fraktale selbstähnlich sind, lassen sie sich durch die Ähnlichkeitsabbildungen, die ihr Ganzes auf ihre Teile abbilden, kodieren. Als Beispiel nehme ich das SIERPIŃSKI-Dreieck. Es ist wie bekannt aus drei selbstähnlichen Teilen aufgebaut, daher kann es durch ein IFS mit den folgenden affinen

---

[51][Peit92] S. 314
[52]Im Folgenden aus [Peit92] S. 300ff, S. 310ff

Abbildungen dargestellt werden:

$$w_1 = \begin{pmatrix} 0,5 & 0 \\ 0 & 0,5 \end{pmatrix} \cdot \begin{pmatrix} x \\ y \end{pmatrix} + \begin{pmatrix} 0,5 \\ 0 \end{pmatrix}$$

$$w_2 = \begin{pmatrix} 0,5 & 0 \\ 0 & 0,5 \end{pmatrix} \cdot \begin{pmatrix} x \\ y \end{pmatrix} + \begin{pmatrix} 0,25 \\ 0,5 \end{pmatrix}$$

$$w_3 = \begin{pmatrix} 0,5 & 0 \\ 0 & 0,5 \end{pmatrix} \cdot \begin{pmatrix} x \\ y \end{pmatrix} + \begin{pmatrix} 0 \\ 0 \end{pmatrix}$$

Die Iteration des HUTCHINSON-Operators $W(A) = w_1(A) \cup w_2(A) \cup w_3(A)$ auf ein beliebiges Startbild A_0 führt stets zu diesem Fraktal als Attraktor. Die affinen Abbildungen, die zur Beschreibung des SIERPIŃSKI-Dreiecks notwendig sind, wurden durch ihre Eigenschaft der Selbstähnlichkeit bestimmt: Man benötigt drei Ähnlichkeitsabbildungen, die das gesamte Fraktal jeweils auf eines ihrer ähnlichen Teile abbilden, z.B. bildet w_3 das Dreieck auf den unteren linken Teil ab. Da IFS aber auch die allgemeineren affinen Abbildungen zulassen, lassen sich nicht nur selbstähnliche, sondern auch sog. *selbstaffine* Fraktale kodieren. Sie sind aus affinen Kopien, analog zu den selbstähnlichen Fraktalen, ihrer selbst zusammengesetzt. Fakt ist, dass jedes Fraktal, das aus selbstähnlichen oder selbstaffinen Kopien zusammengesetzt ist, ein Attraktor eines IFS ist.

Genauso wie man bereits vorhandene Fraktale kodieren kann, lassen sich mit IFS also auch komplett neue Fraktale durch beliebige Variation von kontrahierenden affinen Abbildungen erzeugen, die allgemein als *IFS-Fraktale* bezeichnet werden.

Um diese affinen Abbildungen auf eine einfache Weise bestimmen zu können, kann man sie durch ein *Urbildparallelogramm* und mehrere *Abbildparallelogramme*[53] grafisch repräsentieren lassen. Durch Anwendung verschiedener affiner Abbildungen wie Translation oder Skalierung auf ein vorher definiertes Urbildparallelogramm lassen sich verschiedene Parallelogramme erzeugen, die jeweils eine affine Abbildung repräsentieren, nämlich diejenige, die das Urbildparallelogramm auf das entsprechende Abbildparallelogramm abbildet. Somit können auf eine sehr intuitive Weise beliebige affine Abbildungen definiert werden.[54]

Dieses sehr anschauliche Konzept verfolgt auch mein Programm *IFS-Generator*: Im Hauptfenster befindet sich die Zeichenfläche, auf der sich das Urbildparallelogramm, hier ein Quadrat, befindet. Erstellt man nun eine neue affine Abbildung, so wird zunächst eine 1:1-Kopie des Urbildparallelogrammes erstellt, die Abbildung, die dadurch repräsentiert wird, ist daher $w = \begin{pmatrix} 1 & 0 \\ 0 & 1 \end{pmatrix} \cdot \vec{x}$. Nun lässt sich dieses Parallelogramm mit dem Programm auf die durch affine Abbildungen definierte Art und Weise transformieren. Das Programm bestimmt anschließend aus drei Punkten des Urbildparallelogrammes und der jeweiligen Abbildparallelogramme die

---

[53]Da ich in der Literatur keine gängige Bezeichnung gefunden habe, verwende ich diese.
[54]**[Peit92]** S. 284ff.

entsprechenden affinen Abbildungen, die durch jene repräsentiert werden.

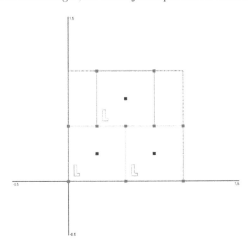

Abbildung 19: Drei Abbildparallelogramme als Repräsentanten der obigen affinen Abbildungen des Sierpiński-Dreiecks. Das Urbildparallelogramm ist das gestrichelte Quadrat im Hintergrund.

Die Abbildparallelogramme enthalten zusätzlich ein einbeschriebenes "L", um bei Spiegelungen und Rotationen eindeutig zu sein. Ansonsten könnten diese Abbildungsarten nicht
unterschieden werden.

Natürlich kann der HUTCHINSON-Operator in der Praxis nicht unendlich oft iteriert werden.
In der Regel reichen bereits 10 Iterationen aus, um eine gute Näherung erhalten zu können.
Zwar kann das Startbild A_0 theoretisch beliebig sein, jedoch wäre es jedoch sehr unpraktisch,
dieses einzulesen, dann zu transformieren und dies mit der Ausgabe ständig zu wiederholen.
Stattdessen verwende ich folgenden Algorithmus, der durch Berechnen und Zeichnen von
Parallelogrammen eine Näherung des Attraktors erzeugt:[55] Man geht von den Eckpunkten
$A(0|1)$, $B(0|0)$, $C(1|0)$ und $D(1|1)$ eines Quadrats aus. Auf diese vier Punkte werden jeweils
die n gegebenen affinen Abbildungen angewendet, wodurch man die Eckpunkte von n neuen
Bild-Parallelogrammen erhält, dabei ersetzt man die Koordinaten des Urbild-Parallelogramms
durch die gerade berechneten. Dieses Verfahren wird *rekursiv* auf alle entstandenen Parallel-
logramme angewendet. Dabei entspricht eine Rekursion jeweils einer Iteration des HUTCHIN-
SON-Operators. Nach einer vorher definierten Zahl von Iterationen werden aus den berechneten Eckpunkten die Parallelogramme auf der Ausgabefläche gezeichnet und das Verfahren

---

[55]Im Folgenden aus **[Peit92]** S. 348ff.; **[Barn95]** S. 98

abgebrochen.[56]

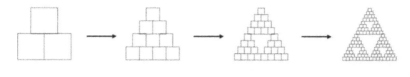

Abbildung 20: Die ersten acht Iterationen dieses Algorithmus, angewandt auf das SIERPIŃSKI-Dreieck.

4.4 Fraktale Modellierung mit Hilfe von IFS[57]

Bisher habe ich ausschließlich die klassischen Fraktale behandelt, die zwar eine komplexe, aber nicht Natur-ähnliche Form haben. Jedoch gibt es nicht nur in der Mathematik skaleninvariante und selbstaffine Strukturen, sondern auch in der Natur. Natürlich ist dort der Grad an Skaleninvarianz begrenzt, dennoch ist z.B. ein Farnblatt aus vielen Unterblättern aufgebaut, die dem ganzen Blatt recht ähnlich sehen. Weitere skaleninvariante Systeme wären beispielsweise auch eine Wolke oder ein Baum. Der Begründer der modernen Fraktalgeometrie MANDELBROT erkannte, dass fast alle natürlichen Strukturen fraktale Muster zeigen. Solche Systeme werden daher als *natürliche Fraktale* bezeichnet. Am Beispiel der IFS möchte ich im Folgenden zeigen, wie man natürliche Bilder in einem gewissen Grad als ein Fraktal darstellen (*kodieren*) kann.

Abbildung 21: Die Broccolizüchtung Romanesco als Beispiel für ein *natürliches Fraktal*.

[56]Im Anhang findet sich dazu ein Struktogramm.
[57]Im Folgenden aus [Peit92] S. 308ff., S. 330ff.; [Mand91]

Der Mathematiker MICHAEL BARNSLEY entwickelte eine Methode, mit der man viele vorhandene Bilder in ein IFS "umwandeln" kann. Dafür entwickelte er den sog. *Collagen-Satz*.[58] Dieser besagt, dass man ein beliebiges Bild derart mit affinen Kopien seines selbst überdecken soll, sodass alle diese Kopien eine Collage des Ursprungsbildes bilden. Die affinen Abbildungen, die das Urbild auf die Kopien abbilden, bilden dann den HUTCHINSON-Operator des IFS. Dieses IFS wird nun als Attraktor in etwa das Bild erzeugen, das man als Vorlage verwendet hat. Natürlich lässt sich dieses interessante Verfahren nur auf solche Bilder anwenden, die bereits eine annähernd selbstaffine Struktur besitzen. Um die Methode auf eine sehr einfache Art durchzuführen, bietet es sich an, ein Computerprogramm zu verwenden, das ein gegebenes Bild einliest und daraus Kopien erstellt, die man auf dem Bildschirm gemäß des Collagen-Satzes anordnen kann.

BARNSLEY wandte sein Verfahren u.a. auch auf einen Farn an. Ergebnis ist das folgende IFS mit nur vier affinen Abbildungen (das als BARNSLEY-*Farn* bezeichnet wird):[59]

$$w_1 = \begin{pmatrix} 0.85 & 0.037 \\ -0.037 & 0.85 \end{pmatrix} \cdot \begin{pmatrix} x \\ y \end{pmatrix} + \begin{pmatrix} 0.074 \\ 0.182 \end{pmatrix}$$

$$w_2 = \begin{pmatrix} 0.197 & -0.226 \\ 0.226 & 0.197 \end{pmatrix} \cdot \begin{pmatrix} x \\ y \end{pmatrix} + \begin{pmatrix} 0.4 \\ 0.049 \end{pmatrix}$$

$$w_3 = \begin{pmatrix} -0.15 & 0.283 \\ 0.26 & 0.237 \end{pmatrix} \cdot \begin{pmatrix} x \\ y \end{pmatrix} + \begin{pmatrix} 0.575 \\ -0.084 \end{pmatrix}$$

$$w_4 = \begin{pmatrix} 0 & 0 \\ 0 & 0.159 \end{pmatrix} \cdot \begin{pmatrix} x \\ y \end{pmatrix} + \begin{pmatrix} 0.5 \\ 0 \end{pmatrix}$$

Nun versuche ich, dieses IFS mit der oben erläuterten Methode darzustellen. Dazu wird eine Iterationszahl von $n_i = 10$ gewählt. Ergebnis ist die folgende Ausgabe:

Abbildung 22: Die Ausgabe

Das Bild lässt bereits die Mächtigkeit von IFS zur Darstellung natürlicher Strukturen

[58]Im Folgenden aus [Barn95] S. 108f.

[59]Vgl. im Folgenden [Peit92] S. 306

erkennen, dennoch scheint die Methode nicht zu dem gewünschten Ergebnis geführt zu haben. Man erkennt immer noch die einzelnen Parallelogramme, die das Programm gezeichnet hat. Tatsächlich ist es so, dass nicht nur 10, sondern etwa 50 Iterationen notwendig wären, um diesen Attraktor darzustellen. Dies wäre jedoch nicht perfomant, da die Anzahl an zu zeichnenden Parallelogrammen mit jeder Iteration ansteigt, was eine sehr rechenaufwendige Methode darstellen und eine sehr lange Berechnungszeit erfordern würde. Der Grund für dieses Verhalten sind die starken Differenzen bei den Kontraktionsfaktoren der affinen Abbildungen, sodass die Parallelogramme pro Iteration nur sehr langsam an Größe abnehmen. Das Problem der hinreichenden Darstellung eines Attraktors wird auch als *Dekodierungs-Problem* bezeichnet. Der bisherige Algorithmus ist also nicht geeignet, um alle Attraktoren generieren zu können.

4.5 Der Chaosspiel-Algorithmus[60]

Um das Dekodierungs-Problem zu lösen, wurde der sog. *Chaosspiel-Algorithmus* eingeführt. Es handelt sich dabei um eine erstaunliche Methode, um performant eine Näherung des Attraktors eines IFS generieren zu können. Diese neue Methode lässt sich metaphorisch durch eine sog. *Glücksrad-Verkleinerungs-Kopier-Maschine (GVKM)* erläutern: Diese neue Art von Kopiermaschine arbeitet nicht mehr mit einem Anfangsbild, sondern einem einzigen Anfangspunkt. Sie wählt im Gegensatz zur MVKM ein Linsensystem zufällig mit einer bestimmten Wahrscheinlichkeit p_n aus und wendet es auf diesen Punkt an. Dabei erhält man einen neuen Punkt, den die Maschine auf ein Papier zeichnet. Anschließend wird dieses Verfahren auf diesen neu erhaltenen Punkt wiederholt angewandt.

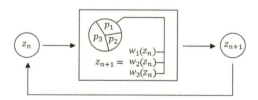

Abbildung 23: Schema einer GVKM

Die GVKM ist wie die MVKM ein Rückkoppelungssystem: Der Anfangspunkt z_n wird durch eine zufällig mit der Wahrscheinlichkeit p_n ausgewählte affine Abbildung w_n auf den nächsten Punkt z_{n+1} abgebildet. Anschließend wird dieser der Maschine wieder als Eingabe

---

[60]Im Folgenden aus [**Peit92**] S. 356ff.

zugeführt. Nach vielen Tausenden Iterationen bildet sich der Attraktor des entsprechenden IFS aus.

Dieses Verfahren unterscheidet sich grundlegend vom bisherigen *deterministischen* Algorithmus, der bei gleichen Anfangsbedingungen stets dasselbe Ergebnis liefert. Das Chaosspiel erzeugt dagegen eine zufällige Folge von Punkten, die aber dennoch gegen den Attraktor strebt. Diese Methode wird in der Mathematik als *zufällig iteriertes Funktionensystem* bezeichnet und ist eine der geeignetsten Methoden, Attraktoren von IFS zu erzeugen. Die Erklärung, *warum* die Punktfolge gegen den Attraktor konvergiert, würde den Rahmen dieser Arbeit sprengen. Es sei aber zu erwähnen, dass dies nur aufgrund der kontrahierenden Eigenschaften der affinen Abbildungen möglich ist.[61]

Algorithmisch wendet man das Chaosspiel an, indem ein beliebiger Punkt z_0 als Startpunkt gewählt wird. Am geeignetsten ist jedoch ein Fixpunkt der verwendeten affinen Abbildungen, da es sonst zu Punkten kommt, die nicht zum Attraktor gehören, weil die entstehende Punktfolge nicht sofort konvergieren würde. Anschließend wird mit einer Zufallsfunktion eine Zahl zwischen 0 und 1 bestimmt. Um die unterschiedlichen Wahrscheinlichkeiten zu beachten, wird geprüft, ob die Zufallszahl kleiner einer der vorher gewählten Wahrscheinlichkeiten ist,[62] z.B. wird die affine Abbildung w_n mit der Wahrscheinlichkeitsangabe p_n dann ausgewählt, wenn die Zufallszahl $< p_n$ ist. Nun wird w_n auf z_0 angewandt und der entstandene Punkt $z_{n+1} = w_n(z_n)$ gespeichert bzw. gezeichnet. Anschließend wird diese Methode $N \in \mathbb{N}$ mal iteriert. Nach etwa $N = 100000$ Iterationen erhält man eine sehr gute Näherung des Attraktors in performanter Zeit.[63]

Nun wird versucht, diesen Algorithmus auf den BARNSLEY-Farn anzuwenden. Dazu verwende ich für alle affinen Abbildungen zunächst gleiche Wahrscheinlichkeiten ($p = 0,25$) bei einer Iterationszahl von $N = 100000$.

Abbildung 24: Der Farn mit gleichen Wahrscheinlichkeiten.

---

[61][Peit92] S. 363

[62]Dabei wird eine Wahrscheinlichkeit p_n durch die Summe aller vorhergehenden Wahrscheinlichkeiten dargestellt, also $p_n = P_1 + \ldots + P_n$, damit dieser Algorithmus funktioniert.

[63]Zu diesem Algorithmus befindet sich im Anhang ebenfalls ein Struktogramm.

Wie unschwer zu erkennen ist, hat diese Methode nicht zu einem optimalen Ergebnis geführt. Um den Farn bei dieser Iterationszahl korrekt darzustellen, muss man die Wahrscheinlichkeiten, mit der die jeweiligen Abbildungen ausgewählt werden, anpassen. Dies bewirkt, dass die bisher wenig getroffenen Bereiche des Attraktors häufiger getroffen werden und dieser vollständig sichtbar wird.[64] Dazu kann man sich als Faustregel merken: Die Verteilung der Wahrscheinlichkeiten entspricht in etwa der der Fläche, die die Abbildparallelogramme (bei dem oben vorgestellten Verfahren) einnehmen.

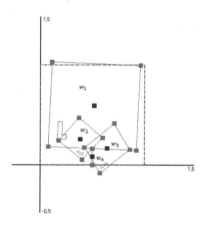

Abbildung 25: Repräsentation der affinen Abbildungen durch Parallelogramme.

Nun können die Wahrscheinlichkeiten bestimmt werden, sie lauten in etwa $p_1 = 0,8$; $p_2 = 0,1$; $p_3 = 0,09$ und $p_4 = 0,01$. Es handelt sich jedoch nur um eine "Methode durch Ausprobieren". Es gibt zwar eine mathematische Näherungslösung, diese ist jedoch zu aufwendig für einfache Experimente (eine optimale Lösung ist auch algorithmisch nicht zu erreichen). Startet man nun die GVKM, so erhält man eine eindrucksvolles Fraktal, das dem Naturvorbild sehr nahe kommt.

---

[64][Peit92] S. 386ff.

Abbildung 26: Der korrekt dargestellte Farn.

4.6 Die Box-Dimension D_B[65]

Zum Schluss möchte ich noch kurz erläutern, wie man bei IFS-Fraktalen die fraktale Dimension bestimmen kann. Da bei Weitem nicht alle selbstähnlich sind, kann nicht auf die Selbstähnlichkeitsdimension zurückgegriffen werden. Stattdessen wird die allgemeinere Box-Dimension D_B verwendet. Man erhält sie, indem man über das Bild des Attraktors ein Gitternetz einer beliebigen Maschenweite s_1 legt und alle N_1 Maschen bzw. Boxen auszählt, die vom Attraktor getroffen wurden. Anschließend verringert man die Maschenweite s_2 und zählt erneut alle vom Attraktor getroffenen Maschen N_2 aus. Die Box-Dimension beträgt dann

$$D_B = \frac{\log N_2 - \log N_1}{\log \frac{1}{s_2} - \log \frac{1}{s_1}} \, . \tag{23}$$

Die Box-Dimension ist weniger exakt als die Selbstähnlichkeitsdimension, lässt sich jedoch besonders einfach algorithmisch berechnen, da das Maschenzählen dem Zählen von Pixeln einer Bitmapgrafik entspricht. Beispielsweise erhält man für den Farn dadurch eine fraktale Dimension von $D_B \approx 1,81$. Die Box-Dimension erlaubt es, den Komplexitätsgrad jedes beliebigen Attraktors zu bestimmen. Man geht sogar so weit, dass man sie auf natürliche Fraktale anwendet, z.B. auf Küstenlinien. Sie haben ein ähnliches Verhalten wie die KOCH-Kurve, denn umso genauer man sie misst, desto länger wird ihre Gesamtlänge.[66]

---

[65] Im Folgenden aus [Peit92] S. 256ff.
[66] [Mand91] S. 41

4.7 Ausblick

Die IFS sind eine sehr mächtige Methode zur Kodierung fraktaler Bilder. Es ist mit ihnen ebenfalls problemlos möglich, bereits vorhandene Strukturen aus der Natur mathematisch modellieren und am Computer simulieren zu lassen. Man konnte deutlich erkennen, dass die Struktur einer derart komplexen Pflanze wie des Farns durch nur vier affine Abbildungen kodiert werden konnte, was äußerst erstaunlich ist, wenn man beachtet, wie wenig Information aus Sicht des IFS benötigt wird. Die sich daraus ergebenden Anwendungsmöglichkeiten sind sicherlich sehr vielfältig. So wurden IFS bereits zu einer sehr effektiven Komprimierungsmethode weiterentwickelt.[67] Man darf daher auch in Zukunft davon ausgehen, dass die Forschung an diesem neuen Feld weiter vorangetrieben wird.

5 Eigene Wertung

Die fraktale Geometrie ist ein sehr interessantes, jedoch auch sehr umfangreiches Teilgebiet der Mathematik. Im Rahmen dieser BeLL war es daher nur möglich, einen Bruchteil der Thematik zu behandeln. So war es beispielsweise nicht möglich, auf den Bezug zur Chaostheorie sowie die Mandelbrot- und Juliamengen einzugehen. Dennoch hoffe ich, durch Betrachtung der Arbeiten von KOCH, CESÀRO, SIERPIŃSKI, MANDELBROT, HUTCHINSON und BARNSLEY ein grundlegendes Verständnis der Konzepte dieser neuen Art von Geometrie vermittelt zu haben.

Die Recherche zu den Themen sowie die Erstellung des Programmes IFS-Generator erforderte ein hohes Maß an Selbstständigkeit sowie die Fähigkeit zum Autodidaktimus. Ich bin überzeugt, durch diese Besondere Lernleistung einen wichtigen Schritt für ein eventuelles Studium getätigt zu haben.

Insgesamt habe ich sehr viel Interessantes und weit über den Rahmen des Schulunterrichts hinaus Gehendes gelernt und anwenden können.Daher bin ich äußerst zufrieden über die Tatsache, diese BeLL durchzuführen.

Flensburg, im März 2011

Adrian Jablonski

---

[67][Peit92] S. 473ff.

6 Anhang

In diesem Anhang finden sich einige erläuternde Informationen zu meinem Programm *IFS-Generator* sowie weitere Materialien.

6.1 Das Programm IFS-Generator

Im Rahmen dieser BeLL ist das Programm *IFS-Generator* entstanden. Es implementiert die Funktionalität der oben erläuterten IFS. Die graphische Oberfläche der Software ist aus einem Zeichenfeld (*DrawPanel*) und aus einem Ausgabefeld (*OutputPanel*) aufgebaut.

Im *Zeichenfeld* können gemäß der im Hauptteil beschriebenen Methode Abbildparallelogramme erstellt werden, die jeweils eine affine Abbildung repräsentieren, und somit ein intuitives Definieren des HUTCHINSON-Operators erlauben. Dabei kann jedes dieser Parallelogramme im Programm an sog. Anfass-Punkten[68] mit der Maus transformiert werden, wodurch sich ebenfalls die repräsentierte affine Abbildung ändert. Dabei ist jedoch zu beachten, dass IFS-Generator nicht prüft, ob es sich dabei um eine Kontraktion handelt, da der rechnerische Aufwand zu groß wäre. Stattdessen kann man sich als einfache Regel merken: *Eine Abbildung ist mindestens dann eine Kontraktion, wenn sich das Abbildparallelogramm innerhalb des Urbildparallelogramms befindet.*[69] Nachdem man die Abbildparallelogramme erstellt hat, werden aus drei Punkten des Urbildparallelogramms und jeweils drei Punkten eines Abbildparallelogramms zwei lineare Gleichungssysteme gemäß Formel 12 aufgestellt und mit Hilfe des GAUSSSCHEN *Algorithmus*[70] gelöst, wodurch man die Elemente der Abbildungsmatrix und des Translationsvektors erhält, die die durch das Parallelogramm repräsentierte affine Abbildung bilden.

Diese affinen Abbildungen werden dann an das *Ausgabefeld* übergeben. Dieses bietet die Möglichkeit, den Attraktor des IFS entweder durch Verwendung des deterministischen ("MVKM starten") oder des Chaosspiel-Algorithmus ("GVKM starten") zu berechnen. Dabei kann die Farbe, in der dieser dargestellt werden soll, frei gewählt werden. Darüber hinaus bietet das Ausgabefeld die Möglichkeit, im Chaosspiel-Modus für jede verwendete affine Abbildung des HUTCHINSON-Operators eine eigene Zufallsfarbe zuzuweisen, wodurch man erkennen kann, welche Abbildung für welchen Punkt verantwortlich ist. Ferner wird ebenfalls die Bestimmung der Box-Dimension des gezeichneten Attraktors, das Abspeichern der Parameter sowie

---

[68]Dabei dienen die blauen Punkte in der Mitte zur Rotation (mit dem Mausrad), zur Translation sowie zur Vertauschung der Eckpunkte (mittlere u. rechte Maustaste; damit lassen sich Spiegelungen einfacher definieren), wohingegen die roten Punkte in den Ecken die Skalierung und Scherung des Abbildparallelogramms ermöglichen.

[69]vgl. **[Baum01]** S. 211

[70]Es handelt sich hierbei um eine algorithmische Kombination des Einsetzungs- und Additionsverfahrens, vgl. auch **[Baum01]** S. 8

das Erstellen von Screenshots unterstützt.

Eine besondere Funktion des Programmes ist jedoch der Collagen-Modus. Er erlaubt es, gemäß dem Collagen-Satz von BARNSLEY, ein gegebenes Bild in ein IFS zu kodieren. Dazu lädt man das Bild in die Zeichenfläche, wo man es durch affine Kopien seiner selbst komplett überdecken kann. Wenn man anschließend den Attraktor zeichnen lässt, sollte in etwa das gegebene Bild dargestellt werden (natürlich nur einfarbig).

Es folgen einige Screenshots der Software:

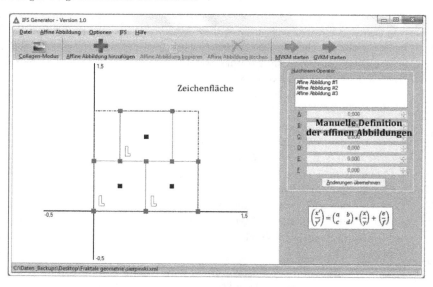

Abbildung 27: Hauptfenster mit Zeichenfläche

38

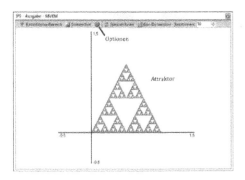

Abbildung 28: Ausgabefenster mit Attraktor (SIERPIŃSKI-Dreieck)

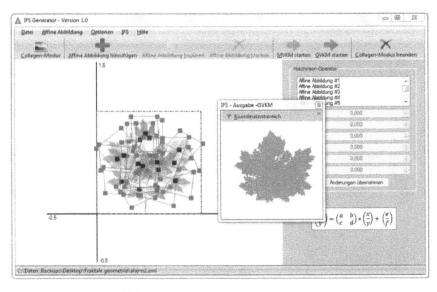

Abbildung 29: Collagen-Modus für ein Ahornblatt

6.1.1 Anmerkung zur verwendeten Programmiersprache

Das Programm ist in der modernen Programmiersprache $C\#$ (sprich "see sharp") geschrieben. Ich habe C# bewusst gewählt, da es sich um eine sehr leistungsfähige Sprache handelt, die auf der Syntax von $C/C++$ und Elementen aus *Java* und *BASIC* basiert. Zwar ist C# keine speziell für mathematische Anforderungen entwickelte Sprache, eignet sie sich dennoch optimal für Anwendungen aus der fraktalen Geometrie, da aufgrund des .NET Frameworks, einer Java-ähnlichen Laufzeitumgebung, zahlreiche APIs (Programmierschnittstellen), u.a. für einfache Grafikoperationen, enthalten sind. Für die Ausführung von IFS-Generator ist daher das .NET Framework ab mindestens Version 2.0 erforderlich.

6.1.2 Quelltexte

Die Quelltexte zu IFS-Generator finden sich auf der beiliegenden CD-ROM als reine C#-Datei und die für das Verständnis relevanten auch als PDF-Datei.

Einige Hinweise zum Aufbau des Programmes:

- Die Informationen der Abbildparallelogramme werden von der Klasse "Parallelogramm.cs" verwaltet. Diese Klasse verwendet als Basis "AffineTransform.cs", die die verschiedenen Transformationen und die Parameter enthält.

- Zur Berechnung einer affinen Abbildung wird der GAUSSSCHE Algorithmus in "Gauss.cs" verwendet.

- Die Parallelogramme, die "Parallelogramm.cs" verwaltet, werden von "DrawPanel.cs" verwendet.

- Die Wahrscheinlichkeiten für das Chaosspiel befinden sich in einer Liste, die man mit dem Menübefehl "Affine Abbildung" -> "GVKM-Wahrscheinlichkeiten" während der Ausführung bearbeiten kann.

6.2 Struktogramme

6.2.1 deterministischer Algorithmus (MVKM)

rekursive Funktion zur Generierung des IFS-Attraktors

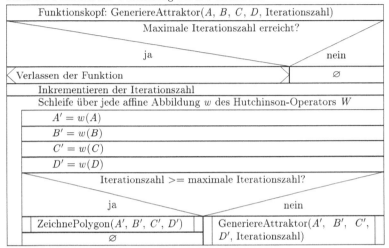

Abbildung 30: Struktogramm

Die Punkte A, B, C und D bezeichnen die Eckpunkte der Parallelogramme. Die Funktion wird mit den Koordinaten des Einheitsquadrates aufgerufen.

6.2.2 Chaosspiel-Algorithmus (GVKM)

Funktion zur Generierung des IFS-Attraktors

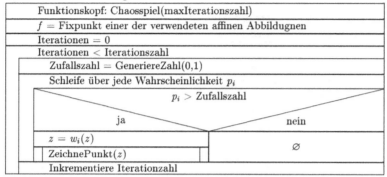

Abbildung 31: Struktogramm

6.3 Materialien auf CD-ROM

Auf der beigefügten CD-ROM befinden sich das gesamte C#-Projekt, Quelltexte als PDF sowie einige Demonstartionsdateien mit Parametern für das Programm. Ferner ist die gesamte BeLL als PDF-Version enthalten.

6.4 Literaturverzeichnis

[Barn95] BARNSLEY, *Fraktale*, Spektrum Akademischer Verlag, Heidelberg, 1995

[Baum01] BAUM, LIND, SCHERMULY u.a., *Lineare Algebra mit analytischer Geometrie (Leistungskurs)*, Ernst Klett Verlag, Stuttgart, 2001

[Peit92] PEITGEN, JÜRGENS, SAUPE, *Bausteine des Chaos: Fraktale*, Springer-Verlag Berlin, und Klett-Cotta, Stuttgart, 1992

[Mand91] MANDELBROT, *Die fraktale Geometrie der Natur*, Birkhäuser Verlag, Basel, 1991

[Gruh06] GRUHN, JOZBASIC, *Aus der Schulgeometrie: Definition und Klassifikation von Kongruenzabbildungen, Ähnlichkeitsabbildungen und Affinen Abbildungen*, Universität Hamburg, http://www.math.uni-hamburg.de/home/koch/lehre/sose06/ psem_frak_geom/Aus_der_Schulgeometrie.pdf (30. November 2010)

[Spre09] SPRENGLER, *Affine Abbildungen im $\mathbb{R}^2$*, Gymnasium Hammerskeil, http://www.mspengler.de/BAUSTELLE/pdf2HP/AffinSkript.pdf (26. November 2010)

[Reit06] REITER, *Die Ästhetik der Fraktale*, 2006, http://www.zonk.at/fraktale/rafael_reiter_die_aesthetik_der_fraktale.pdf (03. November 2010)
Diese Quelle entspricht nicht den grundlegenden Anforderungen an eine Quelle. Dennoch verwende ich sie hier, da der Autor u.a. gute eigene Konzepte einbringt.

[WP1] WIKIPEDIA, *Diskrete Topologie*, http://de.wikipedia.org/wiki/Diskrete_Topologie (24. Januar 2011)

[WP2] WIKIPEDIA, *Fraktale Dimension*, http://de.wikipedia.org/wiki/Fraktale_Dimension (30. Januar 2011)

[**WP3**]   WIKIPEDIA, *Dimension (Mathematik)*,
            http://de.wikipedia.org/wiki/Dimension_(Mathematik)
            (30. Januar 2011)

[**WP4**]   WIKIPEDIA, *Lebesgue'sche Überdeckungsdimension*, http://de.wikipedia.org/wiki/
            Lebesgue%E2%80%99sche_%C3%9Cberdeckungsdimension
            (30. Januar 2011)

[**WP5**]   WIKIPEDIA, *Fraktal*, http://de.wikipedia.org/wiki/Fraktal
            (3. November 2011)

[**WP6**]   WIKIPEDIA, *Abgeschlossene Menge*,
            http://de.wikipedia.org/wiki/Abgeschlossene_Menge
            (6. März 2011)

[**WP7**]   WIKIPEDIA, *Iterated Function System*,
            http://en.wikipedia.org/wiki/Iterated_function_system
            (23. Februar 2011)

6.5   Bildnachweise

Abb. 4   [Barn95] S. 86

Abb. 16   BOERGENS, *Technische Hochschule Mittelhessen*,
              http://homepages.fh-friedberg.de/boergens/marken/04_01/
              bild05_marke04_01.png
              (27. Februar 2011)

Abb. 21   http://www.flickr.com/photos/white_hamster/3320963199/
              (14. März 2011)

Sofern nicht anders angegeben, stammen alle sonstigen Bilder aus meiner eigenen Produktion.